JN306196

子の選憲論

上野千鶴子
Ueno Chizuko

a pilot of wisdom

目次

はじめに

憲法学者でもないわたしが憲法を語るというのは、ミスマッチだとお感じになる方もいらっしゃるかもしれません。これはわたしが憲法を語る本邦初演、そしてもう二度とないかもしれない機会です。

憲法学には立派な専門家がおられますから、そういう方たちをさしおいて、わたしのような法律の専門家ではない者が、これだけ多くの聴衆を目の前にしてお話をするというのは畑違いというか、越権行為のような気もします。

とはいえ、専門家ではありませんが、わたしも主権者のひとりですから、憲法はわたしの運命に深くかかわっています。

主権者であれば、誰でも憲法について何かを言う資格があると思います。なぜなら憲法とは主権者が合意してつくりあげた最高位の法、法のなかの法だからです。その憲法も誕生してから六八歳。歴史的賞味期限が切れた、という論者もいますが、ほんとうにそうか、点検してもよい時期だと思います。

どうぞわたしの道行きに最後までおつきあいくださいますように。

第一章　憲法の精神

権力を縛る

多くの論者が指摘するように、憲法とはもともと、国民が国家と約束して、国家権力を縛るものです。したがって国家元首にあたる者がその地位につくときに必ず宣誓をすることになっています。

「わたしは憲法を遵守します」と。

アメリカ大統領は就任式に聖書に手を置いて宣誓します。日本の首相の就任式にはそういう手続きはありませんが、日本でも同じような宣誓をしてもらいたいものです。天皇の宣誓式というのはありませんが、日本国民の総意によって憲法のもとで象徴天皇になっているのですから、即位式に同じように宣誓をしていただきたいものだと思います。

現天皇は、ことあるごとに「憲法を遵守します」と口に出して言っておられます。

なぜなら、憲法とは、権力を縛る最高法規だからです。

首相に権力を与えるのも、天皇の地位を守るのも憲法の枠のなかのことです。主権者が権力者に権力を与えたわけですから、主権者が権力を縛るものが憲法である、その逆ではない、と多くの憲法学者が指摘しています。まちがっても権力が国民を縛るものではありません。ここは大切に押さえておかなければなりません。

脱走兵ベイリーは言う――「わが憲法の精神に勝利あれ」

憲法の条文はもちろんすべて文字で書かれていますが、憲法には文字にならない、憲法の精神というものがあります。日本国憲法には「平和主義・国民主権・基本的人権」の三原則といわれる精神があります。その精神を体現したものが合計一〇三条の条文なのです。

この三原則に見られるように、日本国憲法は、よくも悪くも敗戦がもたらしたものです。平和主義も国民主権も基本的人権も、戦前の憲法にはありませんでした。

憲法の精神は、憲法の条文を越えます。

思い出してください。今は亡き小田実《まこと》さん(1)がもう四〇年も前でしょうか、ベトナム戦争たけなわのときに、ＪＡＴＥＣ（反戦脱走米兵援助日本技術委員会 Japan Technical Committee to Aid Anti War GIs）という脱走兵援助の地下活動をしておられました。

米軍の脱走兵にとっては軍紀違反として懲罰の対象になる行為ですし、脱走兵を援助した日本人たちにとっても、見つかれば逮捕覚悟の違法行為でした。
　そのアメリカの脱走兵の若者たちをビデオに収録し、その映像を記者会見で流したときに、四人の脱走兵たち、一〇代の若いＧＩたちのひとりが、映像のなかの声明でこう語ったことを、小田さんは証言しています。

（脱走兵）ベイリーは言う。「わが憲法の精神に勝利あれ。」（『「難死」の思想』）

ＪＡＴＥＣの代表であった小田さんはそれを解説して、こう書いています。

　自分たちの原理が彼らの考える「アメリカの原理」である以上、自分たちはどこへ行こうとアメリカ人なのだ（中略）そうした「アメリカの原理」が現在のアメリカにないなら、自分個人の原理と現在の「祖国」の原理があいいれないのなら、いさぎよく「祖国」アメリカを立ち去るということにもなる。（同前）

そして自分たちもまた「平和主義」という日本国憲法の精神にしたがって行動してきたのだ、と自分たちの違法行為を正当化します。

私（小田実）もまた、彼ら（脱走兵）についての記者会見の席上で、「私たちは日本国憲法の精神にしたがって行動して来た」とくり返して述べた。（同前）

たとえ脱走兵援助が日本の国内法に違反する犯罪行為であろうとも、上位法である憲法の精神に自分たちはしたがっているのだと、はっきり言明したのです。憲法の精神は個々の法律を越える、と。

当時脱走兵をかくまったり泊めたりした市民は、それだけで入管法違反で逮捕される可能性がありました。ですから互いに何をしているかを知らず知らせず、その記憶は墓場に持って行くほかないと思っていたと関係者は証言しています。実は日米安保条約のもとの地位協定により、米兵の日本への出入国は旅券及び査証を免除されることになっていたため、脱走兵援助の日本人の行為は違法とはならないという見解もありました。が、現実には別の理由からでしたが関係者のなかから逮捕者を出し、関係者は互いの情報を遮断するように注意を重ねたといいます（後にこの記録を残そうと、関係者が『となりに脱走兵がいた時代』を刊行しました）。

当時小田さんと共にＪＡＴＥＣにかかわっていた室《むろ》謙二[2]さんが、「わが憲法の精神に勝利あれ」というベイリーの発言に驚きを表明しています。というのは、当時もいまもアメリカの兵士は学歴が低く、大学の学費稼ぎに軍隊に行くような高卒の若者が多かったからです。

アメリカ独立宣言のトマス・ジェファーソン[3]の文章、アメリカ憲法の修正条項を使って、自分たちの、軍隊を脱走して国家に反逆するというとてつもない行動を正当化する。高等教育をほとんど受けたことのないアメリカの青年が、なぜあのようなことを書けたのだろうか？

憲法教育とはこうあるべきだと、アメリカではこういう憲法教育が一〇代の若者たちにきちんと浸透していたということを、証明するような証言です。そういう憲法の精神にあたるものが日本国憲法では、「平和主義・国民主権・基本的人権」の三原則です。わけても平和主義は、多くの犠牲を払ったあの痛ましい敗戦の経験がもたらしたものでした。

沖縄の裏切られた悲願

何よりも日本国憲法は敗戦がもたらしたものだったということは忘れてはならないのですが、わたしがここで思い出すのは沖縄のことです。沖縄では長きにわたって、占領が終わっていませんでした。

沖縄は、長い間この憲法が及ぶ地域ではありませんでした。沖縄はずっとアメリカの占領統治下にありましたから、日本の一部ではなく、通貨は米ドル、クルマは左ハンドル、渡航するにはビザが必要でした。ですから沖縄が日本に返還されるまでは、「戦後は終わらない」と言われたのです。

一九七二年に、日本から見れば沖縄返還、沖縄から見れば祖国復帰がありました。それに先だって沖縄では「祖国復帰運動」が起きました。

ですが、日本は本当に彼らの「祖国」だったでしょうか。

「返還」というのも、もともとの領土をその所有者に返すという意味ですが、近代以前の沖縄は琉球《りゅうきゅう》という独立した地域で、それを江戸時代に武力で制圧したのが薩摩《さつま》藩です。その後明治政府の廃藩置県の過程で、琉球藩へ、さらに沖縄県へと日本国に併合されたことを「琉球処分」と呼んでいます。ですから沖縄は久しく日本の植民地であって、日本は沖縄の祖国ではなかったと言う人もいます。伊波普猷《いはふゆう》(4)という沖縄の学者は「日琉同祖論」を唱えましたが、それも日本と沖縄が互いに対等な関係にあるということを強調したいがためでした。

米軍支配下にある沖縄はそれに苦しんでいましたが、そこから逃れる道は「祖国復帰」だけではありませんでした。「沖縄独立」も選択肢にあると考える人たちもいましたが、東西冷戦下の緊張はそれを許しませんでした。

あの当時、たとえそれが方便であれ、「祖国復帰」を叫んだ人たちには、深い悲願がありました。それは復帰すれば、日本国憲法を沖縄に及ぼすことができる、とりわけ憲法九条が沖縄にも及ぶという期待でした。

一九六〇年代、泥沼化するベトナム戦争の後方基地として、沖縄が日米同盟のもとで軍事的役割を果たしていた時代。アメリカの戦争に巻きこまれたくないという沖縄の人たちの願いは、切実でした。

ところが、「祖国復帰」後、沖縄の人たちの願いはまったく裏切られました。沖縄返還には、憲法を空洞化するような「密約」があったからです。

米軍基地はあいかわらずそのままですし、米兵の犯罪を日本の検察が訴追できない不平等な地位協定も続いていました。何より日本国内には「非核三原則」——核兵器を持たない、つくらない、持ちこませない——がありますが、これが沖縄には適用されませんでした。

返還の際に米軍の沖縄の軍事利用を固定化し、あまつさえ援助するという「密約」が交わされたのですが、それが暴かれたあとも、政府は一貫してこの「密約」の存在を否認してきました。

アメリカ政府の公文書館には、原則として三〇年経《た》てば機密を解除してすべての公文書を公開するという原則があります。アメリカ側でこの「密約」文書が公開されたあとも、日本政府は日本側での文書の存在を否認し続けました。

二〇〇九年、日本で自民党から民主党への政権交代が起きてはじめて、当時の外務大臣、岡田克也《かつや》さんが「密約」文書の存在を公式に認めました。政権交代が起きてから民主党の統治能力に疑問を持つ人たちが多かったようですが、政権交代の最大の成果のひとつと言っていいのが、この「密約」の暴露です。自民党政権が続いていたら、決して表面に出なかったことでしょう。

それにしても感心するのが、官僚機構の文書主義とその管理の徹底性です。「ない」といったものが出てきたということは、それを処分しなかったということです。菅直人《かんなおと》さん(5)が厚生大臣(当時)だったときも、「見つからない」と言っていた薬害エイズ事件の政府の関与を証明する文書が、大臣の指揮命令権の発動で出てきました。

二〇一三年末に国民の猛反対を押し切って成立した特定秘密保護法(6)は、特定の公文書を秘密指定するばかりか、一定期間を置いたのちに、行政府の裁量権で破棄することを認めています。権力にとって「ふつごうな真実」は永久に闇にほうむられる……。おそろしいことだと思います。

「密約」の存在が暴露されたあとも、国民の反応は「やっぱり」というもので、驚きはありませんでした。四〇年も前に、誰もがすでにこの「密約」の存在を知っていたからです。周知の事実だったのに、知らんふりを決めこんでいたのは日本政府だけでした。

「返還」当時、それをすっぱぬいたのが毎日新聞政治部記者（当時）だった西山太吉(7)さんでした。外務省職員だった女性と「情を通じ」機密漏洩《ろうえい》したとして、西山さんは逮捕され、起訴されました。西山さんは新聞社を退社、その後苦難の人生を歩まれました。「密約」問題があきらかになったときに、西山元記者の名誉回復も同時におこなわれるべきだったと思います。

あの「密約」のせいで、今日に至るまで沖縄は、憲法九条が及ばない地域であるという状態が継続しています。

琉球共和社会憲法C私(試)案

「祖国復帰」を一九七二年に成し遂げておよそ一〇年たった八〇年代はじめに、復帰したはずの祖国に、沖縄の人たちがとことん失望させられたことを示す証拠があります。

このころまでには沖縄の人たちは、祖国復帰の夢から完全に覚めていました。あれは幻想だったと。それならいっそのこと、もう日本に期待するのはやめて、独立しようじゃないか、と。

では、独立するにあたって最初にやることは何か。

憲法をつくることです。

『新沖縄文学』四八号（一九八一年六月）に、憲法草案特集があります。「琉球共和国」の憲法草案が複数掲載されているなかで、わたしが好きなのは「琉球共和社会憲法C私（試）案」というものです。署名はありませんが、川満信一[8]さんがお書きになったものだということがわかっています。

他の草案には「琉球共和国憲法」とありますが、この「C案」には、「共和社会」とあって、「国」とは書いてありません。共和制というのは完全に国民主権の民主主義体制ですから、天皇を元首としていただかないということです。天皇の名のもとに惨たんたる経験をしてきた沖縄の人たちにしてみれば、理由のあることです。前文を引用しましょう。

浦添《うらそえ》に驕《おご》るものたちは浦添によって滅び、首里《しゅり》に驕るものたちは首里によって滅んだ。ピラミッドに驕るものたちはピラミッドによって滅び、長城に驕るものたちもまた長城によって滅んだ。軍備に驕るものたちは軍備によって滅び、法に驕るものたちもまた法によって滅んだ。（中略）

科学に驕るものたちは科学によって滅び、食に驕るものたちは食によって滅ぶ。

（中略）

九死に一生を得て廃墟に立ったとき、われわれは戦争が国内の民を殺りくするからくりであることを知らされた。だが、米軍はその廃墟にまたしても巨大な軍事基地をつくった。われわれは非武装の抵抗を続け、そして、ひとしく国民的反省に立って「戦争放棄」「非戦、非軍備」を冒頭に掲げた「日本国憲法」と、それを遵守する国民に連帯を求め、最後の期待をかけた。結果は無残な裏切りとなって返ってきた。日本国民の反省はあまりにも底浅く、淡雪となって消えた。われわれはもうホトホトに愛想がつきた。好戦国日本よ、好戦的日本国民と権力者共よ、好むところの道を行くがよい。もはやわれわれは人類廃滅への無理心中の道行きをこれ以上共にはできない。

このなかには、日本国憲法に対して沖縄の人たちがかけた熱い期待と、日本政府への深い失望とが描かれています。「結果は無残な裏切りとなって返ってきた」という言葉は、わたしたちに向けられています。

「日本国民の反省は余りにも底浅く……われわれはもうホトホトに愛想がつきた」

わたしたちは愛想を尽かされた国民であります。こうも書いてあります。

「好戦国日本よ、……好むところの道を行くがよい」

これを聞くと、憲法九条改正と集団的自衛権行使への道を驀進《ばくしん》しているように見える今日の日本を予言しているように聞こえるのは、わたしだけでしょうか。

これだけの激烈な言葉を、わたしたちは沖縄の人たちから、一九八一年にすでに投げつけられているのです。その後も少しの反省もなく、わたしたち日本人は沖縄の人たちをずっと踏みにじってきました。オスプレイ[9]配備と基地の辺野古《へのこ》移転[10]はその象徴です。

復帰の年にはまだ子どもだった沖縄の若い世代、知念ウシさんや野村浩也さんたちが、同じ日本国民になったならせめて平等に扱ってほしい、基地負担を日本人が平等に背負ってほしいと、「沖縄の基地を本土へ移そう」と主張するのは、理由のあることなのです。

「琉球共和社会憲法C私（試）案」の条文を見てみましょう。

第一章「基本理念」にはこうあります。

第一章　基本理念

第一条　われわれ琉球共和社会人民は、歴史的反省と悲願のうえにたって、人類発生史以来の権力集中機能による一切の悪業の根拠を止揚し、ここに国家を廃絶することを高らかに宣言する。

前文にある浦添も首里も、琉球を支配した王権の所在地です。沖縄の歴史と人類史を踏まえて、この憲法は国家権力を否定しています。だから「琉球共和国」ではなく「共和社会」なのです。

第三条はこうです。

第三条　いかなる理由によっても人間を殺傷してはならない。

これこそ戦火に苦しんだ沖縄の人たちの悲願ではないでしょうか。

この憲法草案は、国家の行う暴力行使である戦争のみならず、死刑をも否定しています。戦争と死刑とは、国家だけに許された、殺人を含む合法的な暴力の行使だからです。

「ラディカル」という言葉はこのためにあるような見事な憲法だと思えます。ここでいう「ラディカル」という言葉は、急進的という意味ではなく根源的という意味です。

ユニークなのは、第一一条「共和社会人民の資格」についての項です。

第一一条　共和社会人民の資格

琉球共和社会の人民は、定められたセンター領域内の居住者に限らず、この憲法の基本理念に賛同し、遵守する意志のあるものは人種、民族、性別、国籍のいかんを問わず、その所在地において資格を認められる。

国家は領土と人口から成り立ちますが、国家ならぬ「琉球共和社会」には、国境がありません。ですからこの「共和社会」を構成する人民は、世界のどこにいても、この憲法の基本理念に賛同しさえすれば成員となれるのです。それならわたしも「琉球共和社会」の基本理念に賛同してその一員となりたいものです。日本国民でありつつこの琉球共和社会にも所属するという、多重国籍者となって、税金の二分の一くらいはこの共和社会に納める、なんてことができないでしょうか。ふるさと納税ができるのですから、その気になればできそうな気もします。

九六条改憲という「裏口入学」

このように沖縄の人たちが、自分たちの領域にも及ぼしてほしいと願ったのが現行の日本国憲法、とりわけ九条でした。

それを「改正」しようとする政権が誕生しました。

焦点は九条改憲にありますが、その改憲のためのハードルを下げようと、憲法改正手続きを簡略化するために、まず九六条改正を先行するという奇策を思いつきました。試合中にゲームのルールを変更するような汚い手口です。

憲法改正の発議要件を、現行規定の両議院国会議員の三分の二から過半数へと緩和するという提案ですが、これなら両院とも政権与党が安定多数を確保した現状の国会でじゅうぶん可能です。

国会議員の除名や、衆議院で参議院の議決を覆すときには、「出席議員の三分の二以上」という規定があります。すでに多くの法学者が指摘していますが、国家の最高法規である憲法の改正発議要件がそれよりハードルが低く設定されるのは、まったく論理的でも合理的でもありません。これを「裏口入学」と批判する人もいます。

憲法を変えたいのなら、現行の規定にしたがって、堂々と闘い、国民の同意を得よ、というもっともな主張です。それができないから「ウラの手」を使おうということでしょう。

もちろん九六条を改正するにも国民投票の手続きが必要です。現行規定では、改正要件は投票数の「過半数の賛成を必要とする」となっています。ここには投票率は書かれていません。国政選挙がどんなに低投票率でも成り立つのと同じです。

国民投票に似ているのが自治体の住民投票です。

二〇一三年にメディアをにぎわした東京都小平市の住民投票[11]では、これも試合の最中にゲームのルールを変更するような汚い手口を小平市長が提案し、小平市議会がこれを承認しました。住民投票の直前になって、条例にある成立要件に、全有権者の五〇パーセント以上の投票率が必要だと、もしその投票率に達しない場合には成立しなかったものと見なして開票しない、という規定を加えたのです。

住民投票は行われました。投票率は三五・一七パーセント。五〇パーセントに達しなかったからという理由で、投票用紙は開票されないまま封印されました。行政がこれを廃棄しようとしたところを、住民が差し止め請求で抑え、情報公開請求で訴訟に持ちこみました。首長と議会はよほど直接民主主義がおキライ？と思わせる出来事でした。

小平市の住民投票は、日本国憲法の改正要件よりも高いハードルを課していると言わざるをえません。

非武装から武装へ

憲法「改正」は、自民党の結党以来の目標のひとつでした。

占領国によって押しつけられた憲法を、自分たちの手でつくりなおしたい、それも占領軍の策謀によって日本を丸腰にした憲法九条を「改正」して、自分の国の軍隊を持って自分の国を守る「普通の国」になりたい、というのが保守系政治家の悲願でした。「日米関係は外交の基軸」と唱えて親米派の貌《かお》を見せている保守系政治家は、他方では「アメリカの押しつけ憲法」をきらうことで、その実、内心は反米派であるというねじれを持っています。

非武装から武装できる国へ。

そのなかには、核武装の可能性も含まれていると、わたしはあやしんでいます。事実、西村眞悟のように「日本も核武装を」と唱える保守系政治家は、あとを絶ちません。福島第一原発事故のあとで、日本の原子力政策の歴史を再点検する作業が、いろいろな人によって行われました。そこからわかったことは、核の平和利用と核の軍事利用とは切っても切り離せない、ウラオモテの関係にある、ということでした。中曾根《なかそね》政権(12)が原子力開発を推進した政策のウラには、いつでも原発から核兵器へ転用できる技術的潜在能力を保持しておきたいという、隠れた野望があったことが暴かれています。だからこそ、いくら代替エネルギーの可能性があっても、原発をおいそれとは廃棄できないのですし、この潜在能力こそが国際社会での発言力を高めているのだというひそかな自負もあることでしょう。自民党の石破茂現幹事長も、政調会長時代にこう言っていることが報じられています。「原発を維持するということは、核兵器を作ろうと思えば一定期間のうちに作れるという『核の潜在的抑止力』になる」（朝日新聞、二〇一四年二月二七日付朝刊。出典は『サピオ』二〇一一年一〇月五日号）

国連負担金の額がアメリカに次いで世界第二位でありながら、国連安全保障理事国にも入れない、経済大国にしてみじめな外交小国ニッポン。

安全保障理事国の共通点は、核兵器保有国であることです。

核不拡散条約[13]というものが、世界の非核化をめざしているように見えながら、その実、すでに核兵器を保有している国々の既得権を防衛し、他の国家の参入を許さないという排他的な「金持ち同盟」であることを考えると、核兵器保有の潜在能力を持つことは、それだけでも外交カードになると日本の政治家が思うのも無理はありません。ましてや「ならずもの国家」北朝鮮が、わずか一発や二発の核実験で超大国アメリカを右往左往させていることを見れば、核の威力は強大です。

日本も軍事的なプレゼンスを高めて、アメリカと真に対等な同盟国として集団的自衛権を行使する……。それが占領から独立を回復した際に、日米安全保障条約[14]という不平等条約を結ばされたと感じる保守政治家の悲願、なのでしょう。

そう考えれば現政権の首相、安倍晋三《あべしんぞう》[15]が祖父の岸信介《のぶすけ》[16]を尊敬する理由もわかります。六〇年安保改定を断行し「売国奴」と呼ばれた岸首相は、条約改定の内容を見れば、不平等条約を一歩平等へと近づけた貢献者とも言えるからです。そして何より、解釈改憲をおしすすめることで戦後一貫して保守系政治家がやってきたことは、既成事実を積み重ねることで、事実上、再武装の目標を達成することでした。

気がつけば日本はアジア地域では、中国に次いで第二位の軍事大国となっていました。九条という歯止めがあってもこれができたのですから、九条を改正すれば、軍備の拡張はとめどなく進むでしょう。

第二章　自民党の憲法草案を検討する

それでは憲法改正を提案している自民党の憲法草案とは、どういうものでしょうか？

自民党の憲法草案は過去に何回かバージョンが変わっています。最新の草案は二〇一二年四月に自民党の憲法改正推進本部から提出されています。

今日検討するのは、この最新版の草案です。

自民党は何度も憲法改正を唱え、とくにそれを自分の政権の公約にしたのは安倍政権でした。二〇〇五年一〇月に発表された小泉政権のときの自民党憲法草案は、「象徴天皇制を維持する」とあって、「天皇は元首である」とはなっていませんでしたし、九条も「自衛軍」で「国防軍」とはなっていません。

注目されていた二四条「夫婦が同等の権利を有する」も手つかずのままだったのが、最新案では「家族は、互いに助け合わなければならない」が加わっています。ネオコン（ネオコンサーバティズム）こと新保守主義[1]のタカ派政権としての安倍カラーが、より鮮明に出ていると言ってよいでしょう。ネオコンは国家の価値と家族の価値が、大好きだからです。

憲法前文

日本国憲法の精神である、「平和主義・国民主権・基本的人権」の三原則はどうなったでしょうか。憲法前文は、その憲法の精神をあらわす非常に重要な文章です。そこを比べてみるとはっきりわかることがあります。

日本国憲法
日本国民は、正当に選挙された国会における代表者を通じて行動し、われらとわれらの子孫のために、諸国民との協和による成果と、わが国全土にわたつて自由のもたらす恵沢を確保し、政府の行為によつて再び戦争の惨禍が起ることのないやうにすることを決意し、ここに主権が国民に存することを宣言し、この憲法を確定する。

自民党草案
日本国は、長い歴史と固有の文化を持ち、国民統合の象徴である天皇を戴く国家であって、国民主権の下、立法、行政及び司法の三権分立に基づいて統治される。

我が国は、先の大戦による荒廃や幾多の大災害を乗り越えて発展し、今や国際社会において重要な地位を占めており、平和主義の下、諸外国との友好関係を増進し、世界の平和と繁栄に貢献する。

まず冒頭から、日本国憲法のなかにある戦争の反省にあたる文章が、自民党草案では消えています。代わりに一行目に登場するのが「歴史」と「文化」、そして「天皇」。保守の人たちの大好きなアイテムです。

「国民主権」と「平和主義」という言葉は使われていますが、「大戦による荒廃」と「災害」とが並んでいます。戦争による荒廃と自然災害は同じなのでしょうか。自然災害は防げませんが、戦争は人災だから防げるでしょうに。東日本大震災とそれに続いて起きた津波は自然災害でしたが、福島原発事故は人災でした。

「戦争」と「災害」をこう並べて書くと、なにやらどちらも不可抗力の自然現象のように聞こえてきます。もしかしたらそれが狙いかもしれません。

そこに新たに加わったのが、「国と郷土を……守り」、「家族が……助け合」い、「自由」

には「規律」が伴い、そして「伝統と……国家」を守るという文言です。現行憲法にはない文言がつけ加わっています。

「基本的人権」という言葉は登場しますが、どうやら主語は「日本国民」で、「国民が国家を守る」――それも「誇りと気概を持って」！――とは書いてありますが、その逆、国家が国民やその基本的人権を守る、とは書いてありません。

愛国心は大事だと答えるいっぽうで、国に危険が迫ったら生命を賭《と》して戦うか、と問われたらノーと答える「草食系」の若者のふがいなさに、草案の書き手は、いらだっているのかもしれません。

「国と郷土を……守り」とあるのも、歴史的にはことなった概念の混同にあたります。もともと、愛国心（nationalism）と郷土愛（patriotism）とは異なる出自を持っています。歴史的には愛国心と郷土愛が対立したことはいくらもあり、郷土愛があっても愛国心のない人々の多いイタリアやフィリピンのような国家も、たくさんあります。

二〇一三年のNHKの大河ドラマ『八重の桜』から、日本の視聴者もその違いを学んだのではなかったでしょうか。主人公八重の会津への郷土愛は、明治国家への愛国心とは対立するものでした。それどころか郷土愛を愛国心と故意に混同することによって「国民国家」が成り立ったのだというのが通説です。自民党草案ではそのふたつの「混同」が誘導されています。

「家族や社会全体が互いに助け合」うとあるのも気になります。「社会」が「国家」とは独立した領域であることは常識ですのに、これだと互いに助け合う市民には、国家は何もしなくてもよいように聞こえます。

冒頭部分の主語が、日本国憲法では「日本国民」となっているのに、自民党草案では「日本国」「我が国」とあるのも気になります。

「国民主権」とは、国家に先だって国民が存在するという考えです。日本国憲法は一貫して「日本国民」という主語を採用することで、憲法が国民の意思の表現であること――これこそ「国民主権」を体現したものです――を示していますが、自民党草案では「日本国」が「日本国民」に先だって存在しているかのようです。

最後の一文、「日本国民は、良き伝統と我々の国家を末永く子孫に継承するため、ここに、この憲法を制定する」に至っては、まるで国民が国家の存続に奉仕するために存在するかのようです。

逆でしょう。何やら「国体護持」が金科玉条だった、戦前を思い出させます。

この前文を読んだだけで、自民党草案がいったい何を守りたいと思っているのか、「憲法の精神」が透けて見えます。伝統と文化に恵まれた美しい国・日本において、国家と家族の価値を守りたいという、懐《なつ》メロです。

ネオコンこと新保守主義者といえば、前アメリカ大統領のジョージ・ブッシュ・ジュニア(2)が代表的ですが、彼らは国家と家族の価値が大好きです。安倍自民党にもネオコン的性格がよくあらわれています。

人民か国民か?

もうひとつ、大事なことを指摘しておきたいと思います。

占領軍から提示された憲法の草案が、もとは英語で書かれていたことを思い出しましょう。「日本国民」とあるところが原文では people と書かれてありました。けっして nation ではありませんでした。したがってこれを「国民」と訳したのは、意図的な誤訳です。

そのとき、peopleは、「日本国籍を持った人々」に限定されました。それがのちのちも禍根を残すことになりました。

それでは、peopleをなんと訳せばよかったでしょう？

「人々」「人民」「市民」？　日本を作りあげているのは、日本国籍を持ったひとも持たないひとも含め、多様な人々です。いまや日本は日本国籍を持たない人々の貢献なしに成り立たないと言ってよいほどです。戦前からそうでした。小熊英二さん[3]の『〈日本人〉の境界』を読むと、戦前の大日本帝国が多民族国家であったことがよくわかります。ただ、他の民族を植民地化して「日本人」にしてしまったせいで、それが見えにくかっただけです。

敗戦と植民地解放とによって、これらの旧植民地出身者は一瞬にして「日本人」から「外国人」になってしまいました。「日本人」にさせられたのも、「外国人」になってしまったのも、自分の意思ではありません。「在日」と呼ばれるこれらの人々は、戦後も日本にとどまり、日本をかたちづくる重要なメンバーの一員になったのに、日本国籍を剝奪《はくだつ》されたために、日本国民が享受する多くの権利からも排除されてしまいました。

自民党草案は日本国憲法のこの欠陥を、さらに「伝統」と「文化」で補強して、排外主義的な立場を鮮明にしています。たとえ「伝統」と「文化」を異にしても、国籍の違う人たちと同じ社会を共に担っていこうという姿勢は見られません。

もういちど原点に帰って、Japanese people を「日本の人々」とか「日本に住む人々」と訳しなおしてはどうでしょう?

このように前文からつっこみどころ満載なのですが、次に逐条的に検討してみましょう。

天皇

どんな憲法でも、第一章はとても大事です。

日本国憲法第一条には、

「天皇は、日本国の象徴であり日本国民統合の象徴であつて、この地位は、主権の存する日本国民の総意に基く」

とあります。

自民党草案第一条は、ほぼ現行の条文を踏襲していますが、それにびっくり仰天、「天皇は、日本国の元首であり」という文言が付け加わりました。

明治憲法では天皇が国家元首でした。そういう政治体制を立憲君主制というのですが、立憲君主制では君主も憲法にしたがわなければなりません。

明治憲法の第一条には、

「大日本帝国ハ万世一系ノ天皇之ヲ統治ス」

とありますから、自民党草案ではふたたび王政復古で大日本帝国に戻ったかと驚くほどです。

君主には強大な権限のある君主と、実権のない君主があります。日本の象徴天皇制は名目的な君主制です。それでも君主制にはちがいありませんから、日本は共和制国家ではありません。天皇は世襲で、選挙で選ばれたりしませんから、ヤマト王朝がずっと続いていることになります。世襲といえば北朝鮮もまた「人民共和国」と名のりながら、父から子への「金王朝」の支配下にある君主制のようです。

その天皇が、日本では内閣首班を任命します。アメリカでは大統領、日本では総理大臣が統治権力のトップに立ちます。大統領を任命するのはアメリカ国民、総理大臣の任命者は天皇。つまり天皇のほうが総理大臣よりエライ、ことになります。

元首とはうまい名称がつけられたものです。首長のなかの首長、権力の「元《はじめ》」にある者のことです。

権力者に権力を与える源、権力者の権力の行使を正統化する者をauthorizerといいます。国民主権とは、自分が権力を与えた権力者に、国民が従わなければならないというパラドクスです。だから国民主権の民主主義のもとでは、なんでオレがこいつの言うことを聞かなければならないんだ？というルサンチマンが生まれやすく、統治が不安定になりがちだ、ということを指摘したのが、独立戦争後のアメリカを視察したフランス貴族、アレクシス・ド・トックヴィルでした。

だとしたら、それ以上権威の源をさかのぼってたずねてはならない存在、なぜそこに権威があるかと問えば、答えはたったひとつ、生まれながらにして権威だから、と答えるほかない存在が権力者に権威を与えるほうが、権力の正統性はより安定するように見えます。日本における「象徴天皇制」とは、そのようなauthorizerのしくみを温存したものでした。

これを権威主義と呼びます。明治期に福沢諭吉は「天は人の上に人を造らず、人の下に人を造らず」と言いましたが、権威主義のもとでは権威の源からの距離によって、人のあいだに序列がつけられることになります。これを象徴するのが叙勲制です。

「象徴」ってよくわからない言葉です。アメリカ合衆国憲法のように大統領を元首とするでもなく、だからといって内閣総理大臣が元首だというわけでもなく——なにしろ総理大臣といえど天皇の「大臣（おとど、つまり臣下のこと）」ですからね——「元首」という用語を巧妙に避けながら、名目的な立憲君主制を維持する……占領軍憲法草案にあったsymbolという言葉を直訳したと伝えられる「象徴天皇制」は、実は占領軍の創作でした。

非常によくできた創作物です。

ですから、もし日本国憲法を占領軍の押しつけ憲法だから変えるべきだと言うなら、この象徴天皇制という占領軍の創作を変えるべきでしょう。

自民党草案はその念願を果たすかのように、「天皇を元首とする」と宣言しています。

国旗、国歌、元号

自民党草案で、第一章に新たに加わったのが、三条「国旗及び国歌」と四条「元号」です。

三条には、日の丸を国旗とし、君が代を国歌とするとしたうえで、「国民は、国旗及び国歌を尊重しなければならない」とあります。

「しなければならない」とは、義務であり命令です。

その義務に違反すると、憲法違反で処罰されるということになるのでしょうか。

一九九九年に国会で国旗・国歌法が成立しました。「国旗は、日章旗とする」「国歌は、君が代とする」というたった二条からなるこの法律には、罰則規定がありませんでした。日の丸・君が代という、すでに慣習上、国旗・国歌として受容されているものに、そんな成文法をわざわざつくらなくても、という批判もあったくらいです。

その後、開かれた恒例の宮中園遊会で、保守派で知られた将棋の米長《よねなが》邦雄永世棋聖（当時東京都教育委員）が、天皇に向かってこの法律の成立を慶賀すると、天皇は「強制にならないことがのぞましい」と釘を刺したと伝えられます。

にもかかわらずこの法律を根拠法として、二〇〇三年に東京都ではタカ派の石原慎太郎知事のもと、公立学校行事の際の国旗掲揚と国歌斉唱を指示する教育委員会通達が出されました。それ以降毎年のように、卒業式と入学式で教員の大量処分を生んだことは周知のとおりです。

さらに二〇一二年には橋下《はしもと》徹大阪市長の主導で、大阪府と大阪市に教育行政基本条例が成立しました。それ以降、大阪府下の教育公務員は、学校行事で国旗掲揚のときに起立しなかったり、国歌斉唱に参加しなかったりしたら、処分の対象となるようになりました。なかには、君が代斉唱の際に、ほんとうに声を出しているか、それとも口パクでごまかしているかを、チェックする校長もいたようです。

もちろん処分された教員も黙っていたわけではありません。

東京都の教員は都教委を相手どって集団訴訟し、二〇一二年には処分違法の勝訴をかちとっていますが、最高裁は職務命令そのものを違憲とは認めませんでした。なんと「命令に服従しても内心の思想信条の自由は保たれる」と言ったことになります！　これにはほんとうにびっくりしました。

最高裁は「面従腹背のススメ」、踏み絵を踏んでころびばてれんになっても信仰は失われないと、遠藤周作の『沈黙』(4)の主人公のようなふるまいを、勧めたのでしょうか？

思想信条の自由は、それを表現する自由を伴わなければ意味がありません。黙って心の中で思っていることは誰にも取り締まれませんが、それを「思想信条の自由」と呼ぶだけでは、じゅうぶんではありません。ですから思想信条の自由には、表現の自由、言論の自由が伴う必要があります。

四条では元号が追加されました。

現在でも行政文書はすべて、慣習的に元号表記にしたがっています。わざわざ憲法に書くことでもなさそうです。

このグローバリゼーション⑤の時代に、いちいち元号を西暦に換算するのはめんどうでかないません。最近では行政文書も、元号と西暦の併記になってきました。それに元号とは、天皇の死と新天皇の即位によって決まるという偶然性の高いもの。西暦換算するための法則もありません。

いいかげんにやめたほうがよいのに、いつまで続けるのでしょうか。そういえば戦前には西暦を使いたくない政治家の思いつきで、皇紀何年などという根拠のない年号が使われました。戦時下の一九四〇年には、実在したかどうかもわからない初代天皇、神武天皇の即位から二六〇〇年にあたるというので、皇紀二六〇〇年記念行事が行われました。天皇制という特殊な「伝統」を維持したいという、一部の保守系政治家の「嗜好《しこう》」をおしつけられているような気がしてなりません。

安全保障

いよいよ九条問題です。

おもしろいことに、自民党草案では、九条一項は現行憲法の条文をほぼなぞり、平和主義を踏襲しています。だから、九条を守った、と彼らは言いたいのでしょう。それというのも、九条を維持したままでも、解釈改憲でどうにでもなるといった彼らの自信のあらわれかもしれません。この解釈改憲には、ますます歯止めがかからなくなっています。

もともと一項と二項に、解釈の幅を拡《ひろ》げる仕掛けが仕込んでありました。

日本国憲法の九条一項には、

「国権の発動たる戦争と、武力による威嚇又は武力の行使は、国際紛争を解決する手段としては、永久にこれを放棄する」

とあります。

これを受けた九条二項に、「前項の目的を達するため」というフレーズが、帝国議会の衆議院憲法改正特別委員会の芦田均委員長（当時）によって、巧妙につけ加えられたことは、憲法成立秘話として伝えられています。

「国際紛争を解決する手段として」は使わないが、「自衛権まで否定するものではない」という解釈改憲に根拠を与えたのが、この二項の冒頭のフレーズでした。

日本国憲法は「戦力」を放棄しています。「戦力」とは、対外戦争を行うことのできるレベルの武力を指すそうです。だとしたら「戦力」に至らない「実力」――「戦力」「武力」「実力」の区別はきわめて曖昧《あいまい》なものですが――の保持は可能であるという政府解釈から、一九五〇年に警察予備隊が生まれます。解釈改憲の第一歩でした。その後、「自衛のための戦力」保持を否定するものではない、という解釈から、自衛隊が誕生します。解釈改憲の第二歩でした。

日本を憲法九条で武装解除したはずのアメリカが、東西冷戦⑥の緊張の高まりとともに、日本の再武装を要求したといういきさつも伝えられています。

二項には「陸海空軍その他の戦力は、これを保持しない」と書いてありますから、政府は自衛隊は軍隊ではない、と言いつのってきました。

タテマエ上、日本に軍隊は存在しないということになっていましたから、日本における軍隊研究もタブーでした。自衛隊の女性を研究対象とした若手の社会学者、佐藤文香《ふみか》さんの研究が『軍事組織とジェンダー』というタイトルで刊行されましたが、最初は『軍隊とジェンダー』という題名を考えていたところ、自衛隊は軍隊ではない、という理由でクレームがついたとか。自衛隊を「軍隊」と呼べば、軍隊であることを認めてしまうことになるからだそうです。自衛隊の存在をタブー視して、見ないふりしてきたあいだに、日本の自衛隊は巨大な軍隊に育っていたのです。

「軍事組織(military organization)」といえば、国民軍だけでなく、民兵組織を含めた非正統的な軍事集団をも意味する用語です。日本の自衛隊は、国民軍としての正統性を持たない軍事組織として、ながらく肩身の狭い思いをしてきました。そのため、自衛官の子どもたちが学校で父親の職業を胸を張って言えないのがかわいそうだとか、同情を呼んだりもしました。また自衛官の制服外出を推奨することで、自衛隊の社会的認知を高めようとする努力も行われてきました。災害のたびに自衛隊が出動することで、自衛隊に対する国民の評価も上がってきました。

実際には、国際法のもとで、自衛隊は日本の国民軍としての待遇を得ています。そのことは国連平和維持活動への自衛隊の貢献によって立証されています。国民軍の兵士であるとは、国際法が認める戦闘行為のもとで武器の使用によって他人を殺傷しても、犯罪に問われない、という免責特権を有することです。国家が独占し組織した暴力の行使の非犯罪化こそが、国際法が国民軍に与えた特権です。だからこの正統性を持たないあらゆる軍事組織の暴力は、たんなる「テロ」活動になります。

国内向けには自衛隊、国外向けには国民軍、このふたつの顔を使い分けてきたのが、日本の自衛隊でした。

その自衛隊の正統性を疑う人々は、いろいろな機会に自衛隊違憲訴訟を行ってきました。それに最終的に合憲判断を与えたのが、一九八二年の長沼ナイキ訴訟(7)の最高裁判決でした。政府の解釈改憲を、司法が追認したのです。

ところで、「戦力」と「武力」の違い、「軍隊」と「自衛隊」の違いは、何でしょうか？線引きをするのは、いちじるしくむずかしいでしょう。「戦力」の水準は兵器のハイテク化によっても、軍拡競争の国際情勢によっても、変化します。軍事予算だけでなく、自衛のためにいったい何万人規模の兵力を持てばよいのか、もかんたんに決められません。「軍隊」を持たないというタテマエのウラで、既成事実を積み重ねながら、日本の軍事力は年々増強され、アジアで中国に次いで第二位の軍事大国になったことはすでに指摘したとおりです。

自衛隊は自衛のための軍隊だから国境の外へは出さない、というタテマエが崩されたのが、解釈改憲の第三歩でした。

一九九一年、湾岸戦争(8)の際に、日本も「汗をかかないのか」とアメリカに責められて、「非戦闘地域」への国連「平和維持活動」への参加、という口実で自衛隊を海外派遣したのが第一回。それ以降、三桁《けた》の回数にのぼる「海外派兵」を、日本はすでに実行しています。

「平和維持活動（peace keeping operation）」とは、その実、軍事行動のこと。operationは「作戦」という意味です。それを「活動」と訳したのは、軍事色を薄めたかったからでしょう。局地的な紛争を平定するために、より強力な武装集団を送りこむというのがＰＫＯ活動の目的です。だから国連PKOへの協力とは、軍事行動への参加にほかなりません。「非戦闘地域」とはどこか？　イラク戦争にいちはやく賛意を表明して自衛隊を送りこんだ当時の小泉首相によれば、「自衛隊のいるところ」が「非戦闘地域」の別名なのだとか。驚くべきレトリックですね。

こうやって度重なる解釈改憲が行われ、既成事実が積み重ねられて、今や自衛隊は国際社会が認める「軍隊」となりました。

遠慮がちだった自衛隊を管轄する防衛庁も二〇〇七年には防衛省に昇格し、防衛大臣は他の閣僚と同等の権限を得ました。

自民党草案の九条二項には、「前項の規定は、自衛権の発動を妨げるものではない」と、すでに既成事実となった解釈に、根拠を与える条文が記載されています。さらに驚くべきことに、九条の二に「国防軍」という言葉が初めて登場しました。自衛隊と言っても英語ではself-difense forces、日本語では国防軍とも訳せます。憲法に初めて軍隊が登場するのです。

戦争の多くが「自衛」や「国防」の名のもとに行われたことを、思い出してください。

ナチの支配下では、ドイツ国防軍が、ソ連邦の領土やアフリカ戦線にまで出兵しました。日本でもインドネシアを含む南方戦線への出兵は、石油供給という日本の生命線を守るための闘いだと言われました。

自民党憲法草案は、正統性のなかった自衛隊を、憲法上で正式に認めよう、というものでしょう。この改正を認めたら、苦し紛れの解釈改憲をしなくても、さらなる軍事行動の展開が堂々と可能になります。集団的自衛権もＯＫ、在外邦人救出活動もＯＫとなるでしょう。今の憲法でさえ、歯止めになっているかどうかうたがわしいのに、その歯止めすら失って、政権が暴走するのを食い止めることはできなくなるでしょう。

国防軍

自民党草案の九条の二、第二項以降には、解釈次第でどうにでもなりそうな、気になる文言が並んでいます。

第三項「国際社会の平和と安全を確保するために国際的に協調して行われる活動」とは、国連ＰＫＯ活動を指すようです。この条文があれば、武装軍人を外国に派遣し、戦闘行為を行ってもかまわないことになります。すでに実施していることに、憲法で正統性を与えたい、という政治家の思いが伝わります。

そのあとに「公の秩序を維持し」とあるのが、不穏です。治安維持のためなら、軍隊が自国民に銃を向けてもよい、ということのようです。

同じ項にはつづけて「国民の生命若しくは自由を守るための活動を行う」とあります。

問題なのは、この「国民」の居場所を特定していないことです。

いまやグローバリゼーションの時代、日本国民は世界各地で活動しています。在外日本国民の「生命」が危険にさらされたり、日本国民が海外で行っている「企業活動の自由」が侵されたりしたら……? 軍隊を派遣してもよい、とこの条文は言っていることになります。

二〇一三年にアルジェリアで日本企業に勤務する日本人社員一〇名と現地の従業員とが、テロの被害にあって殺害されるという事件が起きました。在外邦人が危機に直面したときに、軍隊を救出に送れない日本はどうなのかという議論がよく出ますけれども、「在留邦人保護」と「在外権益保護」とは、しばしば戦争の火種になってきたことを忘れないでほしいものです。二〇〇四年に起きたイラクの武装組織による日本人人質事件では、危険地域に勝手に行った本人たちの「自己責任」だと、小泉政権（当時）には自衛隊を動かす気は毛ほどもありませんでした。高遠菜穂子さんをはじめとする「人質」を解放したのは、イラクに対して人道支援を積み重ねてきた彼女たち自身の貢献と、水面下でのNGOによる粘り強い交渉の力だといわれています。「在外邦人保護」には、軍隊派遣以外の方法がちゃんとあるのです。

アルジェリアの事件では遺体の搬送のために自衛官が操縦する政府専用機が現地に飛びました。民間機ではなかったことに注意してください。政府はこのように自国の軍隊を海外派遣することに、既成事実を積み重ねようとしているようです。

四項にある「国防軍の組織、統制及び機密の保持に関する事項は、法律で定める」とあるうち、「機密保持」に関わる規定は、先取りして二〇一三年末に成立した「特定秘密保護法」で定められたようです。どの範囲が「秘密」なのか、それは「ヒ・ミ・ツ」、と揶揄《やゆ》されたように、行政の裁量権をいちじるしく拡大した、いかようにも運用できるとんでもない法律でした。

それを推進した動機も、表向きは米軍との機密情報共有のため、とあれば、日米同盟下の集団的自衛権行使は、憲法改正を待たなくても着々とすすんでいきそうです。

第五項では「国防軍に審判所を置く」とあります。これは軍事法廷を認めるという意味です。これでは司法の二重基準ができてしまいます。つまり同じ行為に対する処罰の程度が、軍人と民間人とでは異なる可能性です。「被告人が裁判所へ上訴する権利は、保障」すると言っていますが、裁判を起こすコストは誰にとっても高いですから、ハードルを越せる人は少ないでしょう。

自民党草案九条の三に「国は、主権と独立を守るため、国民と協力して、領土、領海及び領空を保全し、その資源を確保しなければならない」とあるのは、語るに落ちた感があります。

国防軍はいったい何を守るのか?

国民を守る、とは書いてありません。「領土・領海・領空を守る」ために、国民は「協力」の義務があるようです。これでは国民を犠牲にしても、「国家主権」と「領土・領海・領空」を守ると読めてしまいます。「国破れて山河あり」どころか、「国民死して国家あり」、みたいです。

敗戦のときに、多くの日本国民はそれを実感したはずでした。なぜなら日本軍は国民を少しも守ってくれなかったからです。しかも国家は国民の犠牲が増えることもいとわず、「国体の護持」を至上命令にしました。「そうか、やっぱり」感で、くらくらしてくるほどです。

総じて第二章は、問題が多すぎますが、自民党のホンネ炸裂《さくれつ》でわかりやすいといえばいえるでしょう。

国民の権利及び義務

第三章は、基本的人権について述べています。日本国憲法の三原則のうち「基本的人権」は、いくらか文言は変わっていますが自民党草案でも維持されています。

日本国憲法第一一条「国民は、すべての基本的人権の享有を妨げられない」とあるのを、自民党草案では「国民は、全ての基本的人権を享有する」と肯定形の表現に変わっていますし、同じく「この憲法が国民に保障する基本的人権は、侵すことのできない永久の権利として、現在及び将来の国民に与へられる」とあるのを、自民党草案では「侵すことのできない永久の権利である」と言い切っています。

なぜなら現行憲法の「与へられる」という表現では、「え？　誰が誰に与えるの？　お国が？　まさか」という気分になるからです。

ですが、あとで説明するように自民党草案の「人権」観には、大きな問題があるようです。

日本国憲法が採用している「基本的人権」とは、フランス革命にさかのぼる「天賦人権」論、人権とは他の誰かから与えられるものではなく、人に生まれながらに備わっている、という立場に立つものだからです。起源がわからないから「天賦」、つまり「天が与えたもう」と言っているだけですから、人権とは国家が与えたり剝奪したりできるようなものではありません。人権とはあらゆる法に先だって個人に属するものです――ですから「永久の権利」とあります――が、国家によっては人権を保障する国家も保障しない国家もあります。

ある国に人権を保護する法律がなくても、もし人権侵害行為が行われたなら、国家を飛び越えて個人が国連人権規約委員会に通報することができる、という人権救済の手続きを認めたものが「選択議定書」です。国連はこの「選択議定書」の批准を各国に促していますが、びっくりすることに、日本政府はこれを批准していません。

日本は憲法が「基本的人権を保障する」とうたっているのだから、堂々と「選択議定書」を批准すればいいのに、えー、なぜぇ、と思うと、理由はひとつしか思い当たりません。

アメリカが批准していないからです。

「人権外交」で各国に圧力をかけているあのアメリカが？　なぜぇぇ、と思うと、これも理由は思い当たります。

アメリカは、イラク・アフガニスタン戦争⑨で捕まえた捕虜やテロリスト容疑者を、キューバのグアンタナモにある収容所に送りこみました。国際法では、戦争捕虜もまた、虐待や拷問を受けないという「基本的人権」を守られています。ですから虐待や拷問は国際法違反になります。犯罪者の人権も守られています。ですが、ぼちぼちオモテにあらわれた告発によると、グアンタナモでは最新の技術を駆使した捕虜の虐待や拷問が行われている様子。それがオモテに出るのがきっとイヤなのでしょう。

そしていつもアメリカの顔色をうかがいながら外交戦略を採用している日本も、アメリカがやらないことを、アメリカをさしおいて日本がやるなんて、と思っているのでしょうか。そうとでも考えないと解釈がつきません。

自民党草案ではこの一一条「基本的人権」は、いくらか表現が変わりましたが、ほぼ維持されています。ですが、あとのほうに、その人権を場合によっては制限してもいいよという条項がたくさん加わっています。

あとでお話しいたしますが、特に第九章の「緊急事態」が問題です。ここにはこういう条件があればいつでも人権を制限していいよ、ということがたくさん述べられています。

自民党草案で一二条につけ加わったのが「自由及び権利には責任及び義務が伴う」という文言です。「自由と責任」「権利と義務」はよく対で使われますが、現行憲法より、「責任」と「義務」に比重のある表現が採用されています。国民の「自由と権利」の「濫用」を苦々しく思う為政者の顔が見えるようです。

第一三条「人としての尊重」で、「個﹅人﹅として尊重される」が「人﹅として尊重される」

に変わっていることもなんだかヘン。「個人（individual）」は「人（human being）」とはニュアンスがちがいます。個人ははっきりした権利の主体ですが、「人」って何でしょうか。「個人」の反対語は「集団」や「社会」です。「個人」という用語を採用するのは、「集団」や「社会」より個人の権利が優先されなければならない、という趣旨からですが、どうやら保守系の政治家たちは、よほど個人主義がおキライのようです。

公共・公益・公

もうひとつ気になることがあります。現行憲法では一二条でも一三条でも「公共の福祉」とあるところが、自民党草案ではこれ以降すべて「公益及び公の秩序」という文言に置きかわっています。

これは同じことのたんなる言いかえでしょうか？

「公共」と「公」は、英語でいえば共にpublicですが、日本語の「公共」は「公」と「共」のふたつの文字から成り立っています。

最近の議論では、「公共」を狭い意味の「公（public）」と「共（common）」とに分解して、「共セクター」もまた公益を担うという、「新しい公共」という考え方が生まれるようになりました。「共同」を「協同」と読み替える人たちもいます。共同性とは、同じ性質を共有する人々の集団、という意味ですが、「協同性」とは異なる人たちの協力でつくりあげる関係、という意味合いだからです。

「共・協セクター」とは、国家から独立した、市民社会における非営利公益活動の領域を指します。「共」もまた「公益」の担い手だということが知られるようになると、これまで「公」を独占していた「公益団体」――その典型が中央政府と地方自治体ですが――だけに、「公共」を独占させることはない、という考え方も生まれました。それどころか一部の地方公共団体が、「公益」を掲げながらその実「官益」や「省庁益」、はては「土建屋益」のために機能してきたことは、たびかさなる自治体首長や政治家たちの汚職や収賄であきらかになりました。

いまでは「公」と「共」とが協力しあって、「公共の福祉」をつくりだすという考えが広まってきているのに、「公共」から「共」を引き算して、「公」に限定する意図は何でしょうか。

自民党草案にいう「公益」とは「国益」に、「公の秩序」とは「国家秩序」に対応するように読めます。しかも現行憲法にある「福祉（well-being）」が、草案では「秩序（order）」に置きかえられています。「福祉」とは「善《よきこと》」に属し、「秩序」は「統制」に属します。「公共の福祉」とは人々にとってののぞましい状態を指すのに対し、「公の秩序」とは「国家統制」を意味すると解釈できます。

もしこれが誤読だというなら、「公共の福祉」をわざわざ「公益および公の秩序」に書きかえないほうがよいと思います。

男女平等条項

自民党草案には、時々いいことも書いてあります。

第一四条「法の下の平等」では、「人種、信条、性別、社会的身分又は門地により（中略）差別されない」に「障害の有無」が付け加わっています。二〇一三年に国会で障害者差別解消法が成立しましたから、同じ理念が憲法にも反映されているのでしょう。

「法の下の平等」には「性別」による差別の禁止が含まれていますから、日本国憲法は

「男女平等」を保障しています。ここに「性別」を加えたのは、当時占領軍に勤務していたベアテ・シロタ・ゴードン[10]という二三歳の若い女性だったと言われています。彼女の本国のアメリカ合衆国憲法には、今日に至るまで「男女平等条項」が存在していません。

公民権法にはあって憲法にはない「男女平等条項」を合衆国憲法に書きこもうという男女平等憲法修正条項（Equal Rights Amendment）の運動がアメリカで起きたのが一九七〇年代。この憲法修正案は、いったんは七二年に両院議会を通過します。それから一〇年経って、この運動は敗北しました。

ご存じのとおり、アメリカ合衆国（The United States of America）――ほんとは合州国と訳すのが正しいですね――は、各州――stateというからには「国家」なのです――の連合からなる連邦制の国家です。合衆国憲法は一種の国際条約と同じような位置にあり、連邦議会で決定された憲法改正案は、その後、各州に持ち帰って、規定の期限内に全体の四分の三の州が批准しなければ、成立しません。改正のハードルは高いのです。ERA運動は、ストップERA運動――これを率いたリーダーは女性でした――などの反対にあいました。その後、女性運動に対するバックラッシュの影響もあって、四分の三の州の賛成を得られず、八二年に歴史的な敗北を喫しました。八〇年代アメリカの女性運動には、この時の敗北感が大きな影を落としています。

ふしぎですね。占領軍ヘッドクオーターを占めたのは、本国にも存在しないような民主的な憲法を、敗戦国日本にもたらそうとした理想主義者たちだった、と今日では知られていますが、日本国憲法にある男女平等条項が、今日に至るまでアメリカ合衆国憲法にはないなんて。

アメリカの男女平等は、下位法の公民権法に規定されています。「人種」に加えて「性別」による差別の禁止をうたう公民権法の「修正動議」が、法案成立の最終段階になって、南部出身の保守派の議員によって提出され、さしたる討議もなしに成立してしまったのは歴史の偶然ともいうべき出来事でした。この議員は、「性別」を持ち出せば、それに対する反発から、「修正動議」ごと公民権法を葬り去れるという思惑だったようですが、それがはずれたのです。そのくらい一九七〇年までのアメリカでは、「黒人も白人と同じ人間だ」というより「女も男と同じ人間だ」と主張するほうがハードルが高かったようです。

最近問題になっているのが、セクシュアリティによる差別を受けない権利です。ソチ五輪では、ロシアの同性愛者差別が問題になりました。ゲイやレズビアンなど、セクシュアル・マイノリティの人たちは、この「法の下の平等」に、「性別」に加えて「セクシュアリティ」も入れてほしいと思っていることでしょう。ですが、ロシアに劣らず、日本でも、保守系政治家の抵抗は性別以上に強いことでしょう。

国籍、思想及び良心の自由、個人情報

第一五条の公務員に関する規定には、自民党草案では困った文言が付け加わりました。普通選挙への参加資格が「日本国籍を有する」者と明文化されています。

日本は、いまや多文化社会です。国籍や民族のちがう人たちの集合によって、社会が成り立っています。日本で経済活動をしている外国籍の住民に、納税の義務があるのに参政権がないのはおかしい、という議論は久しく続いてきました。それなら外国籍住民にも、せめて地方選挙への参政権を持ってもらうようにしようという流れを、この自民党草案は押しとどめるものです。

第一九条「思想及び良心の自由」は、日本国憲法の「これを侵してはならない」が、自

民党草案では「保障する」に変わっています。

いったい誰が「保障する」のでしょうか。

「思想及び良心の自由」は「基本的人権」の一部です。国家によって与えられたものではありません。「侵してはならない」のはあたりまえ。

この「思想及び良心の自由」は、それを表現する「表現の自由」と結びついていることは、言うまでもありません。「内面の自由」なら、憲法に守られなくても、誰もが持っているからです。囚《とら》われ人も身動きできない寝たきりの病人も、誰にも妨げられない想像力や内面の自由を持っています。ですがそれを表現しない限り、自由は自由になりません。したがって、「思想及び良心の自由」と、「表現の自由」とは、セットで守られなければなりません。

この一九条に、自民党草案ではふしぎな項が付け加わっています。

「個人情報の不当取得の禁止」です。

うーむ、どうとでも使えるあやしい条文です。たしかに個人の「プライバシー権」は守られそうですが、東日本大震災ではこの「個人情報保護法[11]」が壁になって、被災地の要支援者の把握が遅れたと言われています。たとえば障害を持った人たちには特別な支援の手をさしのべなければならないのに、誰が障害者手帳を持っているかは「個人情報」だから、同じ役所のなかでも共有されない、などのできごとでした。

同じ法律が政治家に適用されたらどうでしょうか？　よその国に秘密の口座を持っていることや、セクハラなどのスキャンダルも「個人情報」として保護されるのでしょうか？　それどころか「特定秘密」に指定されるかもしれません。

信教の自由

第二〇条「信教の自由」にも、自民党草案では、ふしぎな文言が付け加わりました。

信教の自由は思想信条の自由とならんで基本のき。近代国家は、神政政治を排除するために、政教分離を原則としています。ですから日本国憲法は「いかなる宗教団体も、国から特権を受け」てはならないと規定しているのですが、自民党草案には「特定の宗教のための教育その他の宗教的活動をしてはならない」という文章に次のような但し書きがついています。

「ただし、社会的儀礼又は習俗的行為の範囲を超えないものについては、この限りでない」と。

これをどう解釈したらよいでしょうか？

「儀礼」とか「習俗」とは、どこまでを指すのでしょう。たとえば、日本人の多くは、正月の初もうでを宗教行為だと思っていないでしょう。それから、地鎮祭に神主を呼んでお祓《はら》いをするのも、宗教行為と思っていないと思います。ほんらいなら公共建造物をつくるため地鎮祭に神主を呼んで謝金を税金から払うのは政教分離の原則に違反するはずですが、自治体によってはそう厳格に運用されているようにも思えません。

この程度は、まあいいだろうと思っていてはいけません。それなら、戦没者を祭った靖《やす》国《くに》神社に公金を支出するのもOKという解釈が引き出されるような含みを持たせてあります。最高裁は一九九七年に靖国神社への玉串料の支出は、「社会的儀礼又は習俗的行為の範囲」に当たらず、違憲という判決を下しましたが、これも裁判に訴える人があっての判決でした。

二〇一三年末に安倍首相は靖国神社に参拝し、「内閣総理大臣　安倍晋三」と署名した花輪を献花しました。「私人として」参拝したとのことで、花代は私費でまかなったそうですが、靖国神社までは公用車で行ったのでしょうか、気になります。

集会、結社、言論、出版などの「表現の自由」を保障する二一条にも、自民党草案では気になる文言が出てきます。

それは「前項の規定にかかわらず」とある二項の規定です。「公益及び公の秩序を害することを目的とした活動を行い、並びにそれを目的として結社をすること」の禁止です。

これを読めば、誰でもただちに九五年のオウム真理教事件を思い出すでしょう。オウム教団に対しては、一時は反政府的な暴力活動の取り締まりを目的とした、破壊活動防止法の適用も考慮されたといいます。ここにも登場する「公益および公の秩序」とは、どうやら「国益及び国家秩序」の言い換えのようですし、「それを目的として結社をすること」を禁止するというのは、違法行為をする前に、予防拘束や解散命令が出せるような規定です。「疑わしきは罰する」ような規定を、憲法に盛りこむのはいかがなものでしょう。

家族、婚姻

いよいよ第二四条「家族、婚姻」です。

わたしたちジェンダー研究者のあいだには、二四条が自民党草案では「改悪」されるのではないかと、危惧が拡がっていました。なぜなら日本国憲法には、「婚姻は両性の合意のみに基づく」「夫婦は同等の権利を有する」と、「両性の本質的平等」がはっきりうたわれているのに対し、保守系政治家の家族観からは、この条項を変えたいのではないかという気配を感じていたからなのですが、自民党草案には現行憲法の二四条はほぼそのままの形で残してあります。やはり批判を恐れたからでしょう。

保守系の（男性）政治家は、家族が大好きで、夫婦が協力しあうことを重視しますが、夫婦の平等はキライです。この人たちにとって夫婦の協力とは、夫唱婦随のことを言うようです。家庭円満の秘訣《ひけつ》とは、妻が夫に従って波風を立てないことを意味するようです。そんな古くさいことを、と思う向きもあるでしょうが、現実には、若いカップルにも、夫が不機嫌になるのを見るのがイヤだから言いたいことも呑《の》みこんで何でも自分でさっさとやってしまう、という妻たちがいます。

明治時代に男女同権論が登場したとき、それに反論して、男女異権論とのあいだにディベートが流行《はや》りました。女に参政権を与えない理由として、女は男より脳が小さいとか、子宮で考えるから論理的な思考ができない、女は政治向きでない、とかの理由に加えて、夫婦の投票先がちがっては不和の素だから、一家を代表する夫だけに参政権があればよい、という説がありました。

夫婦は一心同体、夫が妻を代表すればよい、という考えの持ち主たちは、宰相である夫の政策に公然と異を唱えている現宰相夫人、安倍昭恵さんのふるまいをどう見ているのでしょう。

昔なら、女房ひとり「アンダー・コントロール」の状態に置けない男に、一国の統治が務まるわけがない、と言われたものでしょうに。それが「修身斉家治国平天下」のもともとの意味でした。家を治めることのできない者に、国をゆだねることなどできない、と思われていたのに。それともタカ派首相のこのリベラル夫ぶりは、女性向けのパフォーマンスなのでしょうか。

自民党草案では、婚姻と夫婦についてはほとんど変更を加えていませんが、二四条の最初に、「家族は」という妙な一項が付け加わっています。

「家族は、社会の自然かつ基礎的な単位として、尊重される。家族は、互いに助け合わなければならない」

こんなことを、憲法に指示されなければならないのでしょうか。

個人は自分の意志で、家族をつくったり、つくらなかったりします。それを「家族は社会の自然かつ基礎的な単位」というと、家族をつくらなかったり、家族を解散したり、家族からはみだしたりした人たちは「不自然」だということになりませんか。

わたしは「おひとりさま」ですが、わたしは「不自然」な憲法違反者なのでしょうか？

家族をつくらない人たちがこれだけ増えると、家族を「本能」でつくるわけではないことがわかりますから、それが「自然」とはとうてい言えません。これまでだって、すべての人が家族をつくってきたわけではありませんし、日本人の累積婚姻率が一〇〇パーセント近くなった「全員結婚社会」が成立したのは、六〇年代半ばのこと。婚姻率はそれを最後に低下に転じています。生涯非婚率も男女ともに増加しています。もはや誰もが結婚し、家族をつくる時代は終わりました。

家族が社会の「自然な単位」かどうかには疑いがありますが、他方、家族が「社会の基礎的な単位」になってきたことはたしかです。

家族を「社会の基礎単位」にしたのは、国民国家でした。もっとはっきりいえば、国家は家族を人為的に「統治の基礎単位」にしたのです。

その時、国家が基礎単位にした「家族」とは、夫婦がいて未成年の子どもがいてという、いわゆる「標準世帯」でした。日本の現在の社会政策は、ほとんどこの「標準世帯」を基礎単位にして設計された「世帯単位制」の制度となっています。

一九六〇年代には、世帯構成の半数以上を占めたこの「標準世帯」は、その後急速に減少して、三割台に低下しています。代わって増えたのが夫婦のみの世帯と単身世帯。このふたつを合計すると半数を超します。ひとり親世帯も増えましたし、高齢者の同居世帯といっても、同居しているのは老いた親ともう若くない子どもの組み合わせです。

家族はあきらかに多様化したのに、半世紀まえの「標準世帯」を制度や政策の「基礎単位」にしつづけていることのひずみは、至るところにあらわれています。結婚も一生ものではなくなり、結婚、離婚、再婚をくりかえす男女が増えて「世帯単位制」の制度設計が間尺に合わなくなっていることも、つとに指摘されています。社会政策学者は、社会保障と税制を、世帯単位制から個人単位制に組み替えるほうが現実的だ、と長年にわたって提言しているのですけれど、「個人」が大キライで「家族」が大好きな保守系政治家の耳には届かないのでしょう。

生活保護

そんなご時世に、自民党草案の二四条は何を言っていることになるのでしょうか。「家族は尊重される」というなら、家族をつくった人たちは保護され、家族をつくらない、つくれない人たちは保護に値しない、とでもいうようです。

それだけでなく、「家族は助け合わなくてはならない」とあります。

人は自由意志で、愛し合って助け合うために、家族をつくります。何も憲法に指示されたからではありません。よけいなお世話だ、と言っておけばすみそうなものですが、そうもいきません。というのは、助け合いたくても助け合えない、助け合う能力があっても助け合わない、家族が現にいるからです。

そんな家族に対して、国家は「憲法違反！」というのでしょうか。

今でも生活保護を受けるためには、扶養義務者の調査や、親族に援助を与える能力があるかどうかがチェックされます。最近では、稼ぎのよい芸能人の母親が生活保護を受けていたことが、問題にされました。

たとえ経済力のある親族がいても、その親族からは援助を受けたくない理由があるかもしれませんし、その親族の側でも縁を切りたい理由があるかもしれません。たとえば自分を虐待した親が老いて苦境に陥ったとしても、子どもは援助をしなければならないものでしょうか。そういう場合も「憲法違反！」と言われるのでしょうか。

社会保障の専門家たちは、自民党草案のこの条文を見て、危機感を覚えています。というのはこの条文は福祉の家族依存を強め、社会保障を後退させる効果があるからです。

日本国憲法第二五条は有名な「生存権」を規定しています。「すべて国民は、健康で文化的な最低限度の生活を営む権利を有する」というものです。

自民党草案では、これが手つかずに残っています。けれども、解釈と運用で何が起きるかわからないというのが、法律の怖さです。

「健康で文化的な最低限度の生活」の水準は、「最後のセーフティネット」と言われる生活保護法で決まっているはずですが、その給付水準は、そのときどきの社会情勢で変わりますし、財政状態が悪くなれば、政治的に切り下げられることもあります。それに生活保護の受給率と把捉率が地域によって異なることも、知られています。

生活保護を受ける条件にあるのに、受けられていない人たちがたくさんいます。生活保護の支出は自治体財政を圧迫しますから、受給率を抑制するために、自治体があの手この手で申請のハードルを上げていることなども伝わってきます。生活保護不正受給の摘発も、受給者に要らぬスティグマを課すようなネガティブ・キャンペーンの要素がありました。実際には、生活保護費全体に占める不正受給額は一パーセントに満たないのに、針小棒大に言いつのることで過大に見せる効果でした。何よりも、生活保護の受給は国民の権利なのに、それを受けることが恥であるかのようなスティグマ化が、行政自らによって行われていることが問題です。

環境保全、在外邦人救出活動、犯罪被害者、教育、団体権

自民党草案では第二五条の二に「環境保全の責務」が加わりました。これを東京電力に守らせてほしいものです。

第二五条の三に「在外国民の保護」が入りました。これが「在外邦人救出活動」の法的根拠になるでしょう。

第二五条の四に、「犯罪被害者等への配慮」が新しく加わりました。積年の課題でした。このように、よいことも困ったことも、まぜこぜにやってしまうのが詐欺師の手口です。「一〇のウソのなかに、一、二、三の真実を入れる」のが、プロパガンダの手口ですから。

第二六条では「教育に関する権利及び義務」が登場します。

日本国憲法は、普通教育の権利と義務を国民に課しています。日本国憲法では「子女」とあるところを、自民党草案では「子」に置きかえてあるのはグッドです。これまで「子女」と「父兄」はセットでした。「女・子ども」はまとめて扱われ、保護者といえば「父と兄」、というのは、なんとわかりやすい家父長制でしょうか。最近はＰＴＡも「父兄会」に代わって、「父母会」と呼ばれるようになりましたが。

自民党草案では、第三項が付け加わって「国は、教育が国の未来を切《き》り拓《ひら》く上で欠くことのできないものであることに鑑《かんが》み、教育環境の整備に努めなければならない」とあるのは、人材のほかに資源のない日本の現状を、自民党政治家たちがよく認識していると言ってよいかもしれません。

それにしては、今や第二の義務教育と化した後期中等教育、すなわち高等学校の授業料無償化を提唱したのは自民党でなく民主党でしたし、効果があきらかにわかっている就学前教育はもっぱら親の負担で行われています。就学前教育を義務化しようという動きはありませんし、義務教育の年限を延長しようという動きもありません。何より、少人数教育のために、学級定員を「三五人」から減らして、「二〇人学級」を実現する気配もありません。いじめをなくしたいなら、スクールカウンセラーを配置するより、子どもひとりひとりに目の届く「二〇人学級」を実現するほうがずっと効果的です。そうすればいまの教員数をほぼ二倍にしなければなりませんが、そのために予算を使う気持ちはなさそうです。

高校無償化のなかでは朝鮮学校はずし、という排外主義的な政策が採られました。これではまるで朝鮮人バッシングに政府がお墨付きを与えているようなものです。

もっと大きな問題は、高等教育、つまり大学の学費が日本ではほとんど親の私的負担のもとに成り立っていることです。「教育環境の整備に努めなければならない」という責務は、当然「国」に向けられているはずです。

ＯＥＣＤ[12]諸国のなかで、日本はＧＤＰに占める政府の教育費予算の割合が相対的に低い国のひとつです。なぜなら国の責務を代わって果たしているのが、親たちの私的な負担だからです。そしてそれが教育の格差（親の階層と子の学歴が相関する）を通じて、より大きい次世代の経済格差につながることは、つとに指摘されています。この世代間の経済格差の再生産が、社会全体の効率をそぐことに警鐘をならしているのが、エスピン＝アンデルセン[13]の『平等と効率の福祉革命――新しい女性の役割』です。

自民党草案三章の、とても困った「改悪」が、二八条「勤労者の団結権」です。

このなかに二項が付け加わり、公務員の団結権や団体交渉権を「全部又は一部を制限することができる」とあります。

いままでも、公務員の団結権や団体交渉権は法律で規制されていますが、この制限を法律よりも上位法である憲法に書きこんでしまおうというものです。自民党はよほど公務員労働者の権利がキライなのでしょう。これでは公務員は労働者としての権利もないばかりか、特定秘密をもらしたら犯罪に問われ、国旗・国歌法では面従腹背を強いられ……。公務員のなり手がいるでしょうか、心配になります。

国会

四章は国会についての規定ですが、自民党草案はほぼ現行憲法を踏襲しています。が、何やら気になる但し書きが、あちこちについているのも事実です。

第四四条「議員及び選挙人の資格」に、「障害の有無」によって資格を奪われない、という一文がつけ加えられたのは一歩前進でしょう。最近になってようやく、成年後見制度によって後見人がついた知的障害の人たちや認知症高齢者の選挙権の停止が違憲とされました。公選法が改正され、それらの人たちが選挙権を持てるようになった事実を、憲法で追認することになります。

ただしそういう人たちの投票を、家族や施設の職員が誘導するのを、監視しなければなりません。実際にあったケースですが、施設入所のお年寄りを投票所に連れ出して、福祉の切り下げを唱える候補に投票させたという例もあります。

ところで、第四七条「選挙に関する事項」の条文に、自民党草案では一票の権利に関わる但し書きが加わっています。

「各選挙区は、人口を基本とし、行政区画、地勢等を総合的に勘案して定めなければならない」という一文です。

この文章をどう解釈するかは司法に委ねられますが、現在、人口比で三倍以上の差のある選挙区の選挙に対して、「違憲」もしくは「違憲状態」の司法判断が相次いでいる折から、この但し書きは、「総合的に勘案して」決めてもよいという裁量の余地を残すことになるでしょう。

政治家と官僚は、こういう解釈の幅のある文章をつくるのがうまいですね。運用次第でどうとでもなるからでしょう。これだと司法判断は割れるかもしれません。

第六三条「内閣総理大臣等の議院出席の権利及び義務」にも、自民党草案ではどうとでもとれる但し書きが付け加わりました。

「内閣総理大臣及びその他の国務大臣は、答弁又は説明のため議院から出席を求められたときは、出席しなければならない」

ここまでは、日本国憲法と同じです。

そこに「ただし、職務の遂行上特に必要がある場合は、この限りでない」とあります。

国会とそこでの内閣首班の答弁は、その政権の姿勢をよく示す、公開のパフォーマンスです。有権者はそれを見て政権の政治姿勢を知ることができます。

その機会を奪う「特に必要のある場合」とは何でしょう。それを決めるのは、誰なのでしょう?

そういえば、特定秘密保護法案の審議にあたって、専門でもなく所轄官庁も持たない森雅子少子化対策・消費者及び食品安全・男女共同参画担当大臣が答弁の矢おもてに立ち、野党が総理大臣の出席を求めても一貫してこれに応じなかったのは、この条文の先取りでしょうか。答弁が二転三転し、野党の激しい追及にあって立ち往生した森大臣の困惑ぶりを見ていると、安倍首相のいう「女性の活用」とはこのことか、と思わされます。

政党

日本国憲法にはなく、自民党草案で新設された第六四条の二「政党」も、ふしぎな条文です。

「国は、政党が議会制民主主義に不可欠の存在であることに鑑み、その活動の公正の確保及びその健全な発展に努めなければならない」とあります。

議会制民主主義にとって、政党は必ずしも不可欠の存在ではありません。無所属で立候補し、当選している議員はいくらでもいます。それだけでなく、有権者のあいだにも「支持政党なし」がぼうだいに増えています。選びたいのは人か政党か、という議論は昔から続いてきました。

政党の影響力を強めたのは、小選挙区制を取り入れた政党人たちの陰謀でした。その結果、得票率が三割に満たない政党が権力を握るなんていう、とんでも政権が誕生したのです。

この自民党草案六四条の二は、どう読めばよいでしょうか?

わたしの解釈は、「だから、政党交付金(14)って大事よ〜」というものです。東日本大震災のあと、復興の費用を捻出《ねんしゅつ》するためにすべての国民が痛みを分かち合おうというので、復興増税のみならず、公務員の給与は削減され、代議士の定員削減や議員報酬の削減も唱えられたのに、誰も手をつけなかった「聖域」がありました。

それが政党交付金です。

約三二〇億円に達する政党交付金を復興資金にまわしたらよい、とは誰も言わなかったのです――わたしを除いて(笑)。

政治資金規正法で自分の手を縛ってきた政党にとっては、国家から分配される政党交付金こそが、政党の議員に対する支配力を強める源泉です。それをお手盛りで決めたのもまた政党でした。自分たちのつごうでやってしまったことをあとから憲法で正当化する、こんな猿芝居を見せられるとは。

内閣

第五章「内閣」に行きましょう。

日本国憲法は議院内閣制を採用しています。これは議会の多数政党に所属する議員が内閣首班に指名されるという制度ですから、理論上、行政府の長と議会多数派とのあいだにねじれは起きません。

逆にいえば、行政府と議会多数派とはなれあいの関係になりやすく、行政府の提案を立法府が追認するだけに終わりがちで、両者のあいだに緊張を欠く傾向があります。その意味では、衆議院と参議院とのあいだに「ねじれ」があることは、行政府と立法府のあいだの緊張を維持するうえで、必ずしもわるいことではありません。

大統領制はこれとは違います。大統領を選挙する方法と議員を選挙する方法とが、二元制になっているからです。

大統領制を採用しているアメリカでは、オバマ⑮大統領が、野党である共和党が多数を占める下院で、苦しい議会運営を強いられています。

これに近いのが、日本では地方自治体の首長選挙と議員選挙との関係です。自治体の首長選挙は全自治体が一選挙区ですから、比較的直接選挙に近い結果が出ます。他方、議員選挙は居住地域ごとに選挙区に分かれていますから、地域密着型の権力構造の代弁者が選ばれる傾向があります。

その結果、同じ有権者が首長と議員とで異なる立場の候補者を選ぶという「ねじれ」が、しばしば起きやすくなります。県議会を総野党にまわした元長野県知事、田中康夫[16]さんや、議会多数派が野党にまわってことごとく知事の提案を不成立に終わらせた元千葉県知事、堂本暁子[17]さんのような例が生まれます。

日本にも大統領制を、とか首相公選制を、という声はありましたが、自民党草案を見る限り、それを採用するつもりはなさそうです。議院内閣制による安定的な政権運営を選んだということでしょう。

第六五条「行政権」は、日本国憲法では「行政権は、内閣に属する」と、いたってシンプルなもの。これに自民党草案では、いや〜な但し書きが加わりました。「この憲法に特別の定めのある場合を除き」というものです。この「特別の定め」は、新しく追加された第九章「緊急事態」のことを指すようですから、あとで説明しましょう。

第六六条「内閣の構成」では、日本国憲法にある「内閣総理大臣その他の国務大臣は、文民でなければならない」とあるのを、自民党草案では「内閣総理大臣及び全ての国務大臣は、現役の軍人であってはならない」となっています。

「現役」でなければ「退役軍人」ならよいのでしょうか。それなら現役の軍人を指名しても、就任までに職を辞していれば「元軍人」となります。また将来にわたっての軍務を、否定していません。二〇〇一年に、元自衛官の中谷元《なかたにげん》が防衛庁長官に就任した例を見ると、現在でも「元自衛官」でも「現役」でさえなければよいようですが、それをさらに追認するものでしょう。

軍隊というのは、いつでも政権転覆のクーデタを可能にする潜在力を持った武装集団です。この武装集団を養いながら、どの政権もその暴走を抑えるのに手を焼いてきました。独立を果たした多くのアジアやアフリカの国家が、民主制にならずに軍事独裁政治にまきこまれていく過程を、わたしたちは見てきました。

日本国憲法にある国務大臣の「文民規定」は、戦前を教訓とした警戒心から来ていることを忘れてはなりません。

軍隊と女性

自民党草案第七二条三項には「総理大臣の職務」に、第九条の国防軍の創設にともなって、「国防軍の最高指揮官」という役割が付け加わっています。

軍隊とは、その職務の遂行に、自身の死や殺人行為が伴うもの。そうか、内閣総理大臣とは、「死ね」「殺せ」と命令する権力を持つ権力者なのですね。

福島第一原発事故の処理にあたって、死を覚悟しなければならない職務に公務員を就かせる命令権を誰が持つか、という議論がありました。現行の法律では、そのような危険な職務命令に従わなかったからという理由で、誰かを処罰することはできません。

ですが、軍隊の指揮命令権を持てば、この問題は解決されます。自民党草案では軍事法廷の設置も認めているのですから、軍事命令に違反した兵士を、厳罰に処すことも可能です。自衛隊員なら、イヤなら辞めればいいだけ。けれども国防軍になれば、兵士は逃げれば訴追されます。

おお、こわ。

ところで、軍隊の最高指揮官に女がなったら、どうなるでしょうか?

徴兵制のある国では、兵役を経験していない者には国家の指導者の資格がない、という暗黙の了解があります。

アメリカでは、クリントン(18)が大統領になったとき、ベトナム戦争時の徴兵忌避疑惑がスキャンダルになりました。韓国では、自分の息子を徴兵年齢時に留学させたりして兵役逃れをさせたことがわかると、大統領候補にとって傷になります。ましてや兵役の経験のない女が大統領にはなれない、と思われていたのに、朴槿恵《パククネ》[19]が大統領になったのは異例のことでした。

女性がトップに立つ点で、日本は韓国に先を越されたという見方もありますが、朴槿恵は軍事独裁政権の朴正熙《チョンヒ》元大統領の娘にして保守系政党の党首。インディラ・ガンジーやコラソン・アキノのように、独立や革命の英雄の娘や未亡人がその後継者になるのはアジアの家父長制の特徴のひとつ。女性の地位の高さを表すものとは限りません。

日本でも女性閣僚が就くのは、環境庁や厚労省の担当ばかりと相場が決まっていたのに、小池百合子《ゆりこ》が初の女性防衛大臣、つまり自衛隊の指揮官になりました。

とはいえ、軍隊のある国家では、女性指導者が登場するのを阻む理由に、軍隊の指揮官という「男らしい」任務は女には務まらない、というものがあります。軍隊は昔も今も「男らしさの学校」。いかに男女共同参画が進んでも、最後の「男の聖域」だと思われているからです。その男の中の男の集団が女の指揮命令に従うなどもってのほか、という気分があるにちがいありません。

アメリカでは、大統領執務室に、世界を何度か破壊することができるだけの、核攻撃の発射ボタンがあると伝えられています。アメリカの大統領選に女性候補者が登場するたびに、月に一回、月のものが来て判断能力を失う女が執務室にいて、いらいらして核兵器のボタンを押したらどうなるか、世界の破滅だ、だから女を大統領にするなというネガティブ・キャンペーンが行われました。それなら、上がった女だったらいいのでしょうか。

自民党草案を見ると、日本でも内閣総理大臣の任務に、ついに軍隊の最高指揮官という役割が含まれるようになったか、と感慨を覚えます。これでは、憲法の精神の「平和主義」は、どこに行ったのでしょう？

それでもねえ。

これまでの、そしていまの総理大臣が「死ね」「殺せ」と命じて、それに応える気持ちのある国民はどれほどいるでしょうか？　五年ごとに実施される世界価値観調査では、二〇〇五年に一八歳以上の国民を対象にした調査のうち、「もし戦争が起こったら国のために戦うか」という問いに対してイエスと答える日本人が一五・一パーセントと、主要二四ヶ国中最低であることが報じられています。

日本国民は、死にたくないし、殺したくもない。

平和な国民であることを信じたいです。

司法

六章は司法についてです。

文言がいくらか変わったほかには、日本国憲法と自民党草案とのあいだには大きな変更がありません。とはいえ、現行の日本国憲法に問題がないとは言えません。

第七六条は日本国憲法でも自民党草案でも、その二項で「特別裁判所は、設置することができない」とあります。ですが、軍事法廷は「特別裁判所」、司法権の二重基準ではないのでしょうか？　この項は、自民党草案の九条五項と矛盾するのではないでしょうか？

たしかに九条の二第五項では「国防軍に審判所を置く」とあって、慎重に「裁判所」や「法廷」という用語を避けています。また「この場合においては、被告人が裁判所へ上訴する権利は、保障されなければならない」とあり、それに対応するように、七六条二項では「行政機関は、最終的な上訴審として裁判を行うことができない」とありますが、それなら逆に、「国防軍審判所」は下級審にあたる裁判の場であることが、この条文からは読み取れます。そして「国防軍」は行政機関のひとつではないのでしょうか。

それにしてもいらだたしいのは、現行憲法にある第七九条、最高裁判所の裁判官の任命方式です。

最高裁の裁判官の任命権は内閣が持っています。三権分立といいながら、行政権力がすべての上に立つという、哲学者、國分《こくぶん》功一郎さん[20]が『来るべき民主主義』のなかで指摘した民主主義批判は当たっています。司法権の独立は、その任命の時点ですでに侵されているのです。

これだから、司法府の違憲判決に立法府が従わないのも当然ですし、「一票の格差」の違憲判決に、代議士が司法の「越権行為」といわんばかりの居丈高な態度をとる理由もわかります。意に従わない裁判官なら任命しなければよい、と考えているからでしょう。国民にあるのは、任命後初めて行われる衆院選およびその後一〇年経過ごとに一度の国民審査だけ。国政選挙の際に投票用紙と共にわたされる最高裁裁判官の信任投票用紙に、誰がどんな判決を出したかもよく知らないまま×をつけるだけの投票では、それが機能していないことは周知のとおりでしょう。

裁判員制度は司法への市民参加を促すことで司法権の独立性を高める司法改革の一環でした。司法は、立法からも行政からも、もっと自立してほしい、と願うのはわたしだけでしょうか。

財政

第七章は財政です。

自民党草案第八三条「財政の基本原則」は、日本国憲法には「国の財政を処理する権限は、国会の議決に基いて、これを行使しなければならない」とあります。このルールは自民党草案でも踏襲されていますが、後者には二項に「財政の健全性は、法律の定めるところにより、確保されなければならない」と追加があります。

財政規律も守らず、国の予算規模のほぼ一〇倍にあたる一〇〇〇兆円もの借金をつくった世界最大の借金大国、日本の政府に言われたくないですね。

こういう条文を追加したことは、自民党内でも、財政健全化についてよほどの危機感があるということでしょうか。もしこの条文があれば、現在の垂れ流しの予算を「憲法違反だっ」と訴える根拠になりそうです。

第八九条「公の財産の支出及び利用の制限」に、先ほどの「第二〇条第三項ただし書に規定する場合を除き」という例外規定が登場します。

第二〇条三項の但し書きを思い出してみましょう。

宗教活動や団体への支出の禁止は「ただし、社会的儀礼又は習俗的行為の範囲を超えないものについては、この限りでない」というもの。靖国神社参拝が「社会的儀礼や習俗」の一種と見なされれば、それへの公費の支出はオーケーという解釈の含みを残す表現です。

同じことは各地の護国神社にも言えます。一九八八年に最高裁判決が出た殉職自衛官護国神社合祀《ごうし》裁判では、夫の自衛官を出身地の護国神社に合祀したことに異を唱えたキリスト教徒の遺族の訴えに対して、下級審では合祀は「宗教行為」と認めて遺族への慰謝料を認めたのを、最高裁は覆しました。最高裁でも意見が割れたと言われており、下級審の判決を最高裁が覆したことも問題になりました。ですから裁判官によっても、解釈の幅があります。この「ただし書き」は、あえてその解釈を曖昧にするものです。

地方自治

第八章では日本国憲法の「地方公共団体」という用語が、自民党草案では「地方自治体」に代わっています。地方自治体（地方政府）だけが「公共性」を独占するわけではないという認識から来ているなら、歓迎したい変化です。

自民党草案に新設された第九二条は「地方自治は、住民の参画を基本とし、住民に身近な行政を自主的、自立的かつ総合的に実施することを旨として行う」とうたっています。けっこうなことです。

日本国憲法にないこの条文をわざわざ新設しなければならないのは、現在の地方自治が「住民の参画を基本」としていないのか、とか行政は「住民に身近」でないのか、地方自治体の「行政は自主的、自立的かつ総合的に実施」されていないのか、といちいちつっこみを入れたくなりますが、まったくそのとおりなのです。

「住民参加」をうたいながら、地方自治体は行政も議会も、市民の政治参加のツールであるワーキンググループや住民投票がキライです。

それに平成の大合併は、地方自治体の行政を「住民に身近」なものから、遠くに離してしまいました。あの大合併のブームに乗せられ、合併特例債に釣られて、うかうかと合併してしまったけれど……と、いまごろほぞを嚙《か》む思いの地方自治体も多いことでしょう。行政改革を掲げた自治体行政コストのスリムダウンは、確実に行政サービスの低下を招きました。

あの政策は失政だった、と思います。

それ以前から指摘されてきたのは、地方自治体に裁量権を与えない「三割自治」。地方自治体の行政は、「自主的」でも「自立的」でもないうえに、中央省庁の縦割り行政に阻まれて「総合的」でもなかったのです。自治体を地方交付税に依存させ、その使途を中央省庁がことこまかに指示するという、手を縛られた状態でした。

時は地方分権・地方主権ブーム。

それだってもとはといえば、国の責任を地方に移譲したいという「不純な動機」から来ているのですが、もし本当に地方自治体に「自主性・自立性」を持て、というなら、住民税や消費税を含めて自主財源をよこせ、中央官庁の統制をはずせ、と心ある自治体首長が言うのも無理はありません。

自民党草案第九二条二項には新設の「自治体住民の権利と義務」が登場します。「住民は、その属する地方自治体の役務の提供を等しく受ける権利を有し、その負担を公平に分担する義務を負う」とあります。権利には義務を伴うという両面性を、保守系政治家はよほど強調したいようです。

ところでこの「住民」には、それまでの条文に登場した「国民」とはちがって、国籍が示されていません。「住民」のなかには多様な国籍の保持者がいることを前提にしているからでしょうか。それなら一項と二項との関係はどうなるでしょうか?

地方自治体のサービス（役務）を受ける「権利」があり、住民税というかたちでその「負担」を公平に背負う「住民」は、その国籍にかかわらず地方自治に「参画」することができないのでしょうか?

自民党草案第九四条二項には、「地方自治体の長、議会の議員及び法律の定めるその他の公務員は（中略）日本国籍を有する者が直接選挙する」とあります。国籍条件は追加された文言ですが、するってえと、住民のなかに「日本国籍を有する者」と「有しない者」とが区別されて、「住民参画」から、後者は排除されることになります。

「選挙」は「住民参画」のひとつ、それも重要な手段のひとつです。地方自治に対して同じ「権利と義務」を持っているのに、「住民参画」の権利だけはない、ってへんですね。これだと外国籍住民は、「住民」ではないことになります。

住民参画

なにやら気になるのが、「住民」ということばと「参画」ということばです。「住民」ということばは、第八章ではじめて登場します。

よそから転入してきてある自治体に住民届を提出すれば、その自治体の「住民」と見なされます。ですが、住民票のある土地と居住地の異なる人たちがたくさんいることは誰でも知っていますし、だからこそ、国勢調査は住民票に拠《よ》らないで、徹底した現住所主義を貫いています。

国勢調査が開始されたのは大正時代、一九二〇年のことです。そのころからすでに、戸籍も住民票も居住実態を反映しない、と知っていたからこそ、国勢調査の必要が生まれたのでしょう。

介護保険の住所地特例は他の地域に移動したお年寄りにも、元の自治体の介護保険を使うことを可能にしました。それに「ふるさと納税」のように、気に入った自治体に寄付すれば税額控除を受けられるしくみもできました。

「住民」の定義はますますあいまいに流動的になってきています。

同じことは「国民」についても言えます。日本に住む外国籍住民が増えたと同じように、日本国内に居住しない日本国籍者も増えるいっぽうです。

現住所が違っていても、住民票が特定の自治体にあれば届け出をした自治体へ住民税を納めることになりますが、他方住民票がなくても、わたしたちはいま住んでいるところで、ゴミの収集や都市交通機関などの自治体のサービスを受けることができます。旅行者や一時滞在者も同じです。自治体は、一部の行政サービスのフリーライダーを許しているのです。だからその地にいる人が暮らしのために使わざるをえないおカネに消費税をかける、というのは、所得把捉がむずかしく移動の大きい社会では、理にかなっています。その消費税から自治体の取り分をもっと増やせ、というのは、もっともな要求でしょう。

「住民」に「参画」がついて、「住民参画」です。

こんなことば、見たことがありません。

つい最近までは「住民参加」または「市民参加」と呼ばれてきました。

ちなみに「住民」か「市民」か、という議論は、戦後久しく続いてきていますが、保守系政治家は「市民」が大キライ、ということがわかっています。なにしろ一九九八年にNPO法が成立したとき、もとは「市民活動促進法」と呼ばれたこの法律を、「特定非営利活動促進法」というよくわからない名前に呼びかえたのは、当時の政権与党（自民党でした）への配慮からでした。

「参画」ということばが広まったのは、「男女共同参画」から。わたしはそう見ています。「男女共同参画」も妙なことばでした。政府はGender Equalityを日本語に翻訳したもの、と説明しましたが、もっとわかりやすい訳語は「男女平等」です。

どうやらこれも保守系の政権与党への配慮かららしい、とわかっています。保守系のオジサマ方は「男女平等」がおキライ。代わって登場した「男女共同参画」は、「あらゆる領域への男女の共同参画」をうたいましたが、どうやら、男には「男らしい参画」、女には「女らしい参画」があると解釈されている様子。

その用語法を踏襲すれば、「住民参画」は、どうやら「住民らしい参画」、つまり地方政治への「市民参加」を指すのではなく、行政の指揮監督のもとに、指定管理者制度などで住民が自治体行政の下請けを担っていくことをさすような気もします。

行政改革路線のもとでは、これ以上の公務員の増員はありえません。それなら「住民に身近な行政」を「住民参画」でやってもらおうじゃないの、と解釈するのは、わたしの深読みでしょうか?

「平成の大合併」の失敗

地方自治体を全部でいくつ、どういう範囲でつくるかは、憲法ではなく法律で決まります。

自民党草案の新設九三条「地方自治体の種類」には、「基礎地方自治体」(市町村にあたる）と「これを包括する広域地方自治体」（都道府県にあたる）の二種類を基本とするとしか書いてありませんし、「その種類は、法律で定める」となっています。ですから都道府県制に代わって道州制を唱える人たちは、憲法を改正する必要はありません。「大阪府」を「大阪都」にするためにも、憲法改正の必要はありません。

ですが、基礎自治体の規模を大きくし数を減らした「平成の大合併」が失敗に終わったように、都道府県を統合合併して道州制に変えても、よいことがありそうには思えません。

それよりいっそのこと、基礎自治体の上位団体である都道府県を廃止するほうがよさそうな気がします。介護保険の広域連合や河川の流域管理、交通網の整備を見ても、基礎自治体が政策課題ごとに、近接自治体とネットワークを組むほうが、県境に阻まれて連携できないよりは、ずっとましだと思えます。

外交と財政をつかさどる中央政府のほかには、各基礎自治体がもっと大きな自治権と裁量権を持つことで、二重、三重行政の弊害を避けるほうがずっと合理的でしょう。

緊急事態（自民党草案新設）

いよいよ自民党草案の真骨頂、第九章「緊急事態」が登場します。

これにくらべれば、九条の変更など、現状追認にすぎない、と言ってよいくらいです。いくら国防軍をつくっても、使えない軍隊は軍隊ではありません。ではどんなときに軍隊は動員されるのでしょう？

もちろん非常時です。

この非常事態宣言を、自民党草案では「緊急事態の宣言」と呼んでいます。

「緊急事態」とは、どういう事態でしょうか？

自民党草案第九八条によれば「我が国に対する外部からの武力攻撃、内乱等による社会秩序の混乱、地震等による大規模な自然災害その他の法律で定める緊急事態」とあります。

ここには、大きく分けて、(1)武力攻撃、(2)内乱、(3)自然災害が並列されていますが、(1)「外部からの武力攻撃」とあって、「他国からの軍事侵略」と書いていないことに注意してください。

いまどきの戦闘は、主権国家同士の争いではなくなりました。民間の軍事組織による武力攻撃、たとえば九・一一のテロもまた、このなかに含まれる可能性を示しています。

「我が国に対する外部からの武力攻撃」の範囲は、もし集団的自衛権行使が可能になれば、同盟国への武力攻撃も「我が国への武力攻撃」と見なされて、含まれるようになります。したがってアメリカの「テロとの戦い」に日本も参戦すべし、となります。

(2)の内乱。……やっぱり。出てきましたね。国民軍が自国の国民に銃を向けてよい、ということです。国民軍は国民を守るのか政府を守るのか……。この項は「政府を守る」と宣したに等しい効果を持っています。そうなれば、国民軍は政府の「用心棒」や「傭兵」になってしまうことでしょう。

(3)自然災害への軍隊の出動は、これこそほんものの「軍隊の平和利用」です。東日本大震災のときの自衛隊の活動で、自衛隊は国民のあいだで評価を高めました。いっそ災害救助隊とか名のってはどうでしょう?

「九条問題」ではなく「九章問題」では?

何が「緊急事態」かを判断するのは内閣です。内閣総理大臣が「緊急事態の宣言」を発することができます。まるで戦前の「戒厳令」発令のようです。

自民党草案九九条第一項によれば、この「宣言」と同時に、内閣が、法律と同じ効力を持つ「政令」を出すことができるようになります。「財政上必要な支出」も、事前に国会の承認を経ずに、自由に行えるようになります。

同じく三項では「緊急事態の宣言が発せられた場合には、何人も、法律の定めるところにより、当該宣言に係る事態において国民の生命、身体及び財産を守るために行われる措置に関して発せられる国その他公の機関の指示に従わなければならない」となっています。

通常であれば法律は政令の上位にありますから、法律に反する政令を発することはできません。ですが「緊急事態」には、既存の法律に反する政令を制定することができるようですから、この三項の規定はあやしいものです。

「国民の生命、身体及び財産を守るため」というのは、その国民の「生命、身体、財産」がどこにあるかを指定していませんから、「在外邦人保護」や「在外権益保護」の名目で、国境の外へも軍隊を派遣できる、ということになります。そのために政権からくだされる「指示」に、「何人も」そむいてはならない、のです。そむけば違法行為となり、「罰則」が待っていることでしょう。

三項は「この場合においても、（中略）基本的人権に関する規定は、最大限に尊重されなければならない」と付記してありますが、この「最大限に」っていう表現、なんだか不気味ですねえ。

「この場合においても、（中略）基本的人権は決して侵してはならない」とは書いてありません。

「基本的人権」とは、国家が与えたり奪ったりするものではなく、人間に生まれながらにそなわっているものだ、というのが近代国民国家の前提であることはすでに述べました。それを国が「最大限に」尊重する、というのは、場合によっては侵してもよい、ということでしょうか。だって非常時なんだもん……という、この草案をつくった人の言い分が聞こえてきそうです。

九章には、軍隊ということばは登場しません。ですが、軍隊は、警察権力とならんで、行政権力の行使する最大の物理的強制力です。「緊急事態」に使わなきゃ、どうする。そのためにこそ、平時から「国防軍」を養っておくのだ、と言いたそうです。

戦後史のなかで、自衛隊が国民を制圧するかもしれない機会があったことをご存じでしょうか。一九六〇年六月、安保闘争の盛り上がりがピークに達したころ、時の岸信介首相が自衛隊の出動を要請し、それを防衛庁長官（当時）だった赤城宗徳《あかぎむねのり》が拒否した、という逸話が伝わっています。現場の抵抗でことなきを得ましたが、戦後日本の宰相が一度は国民に銃口を向けるよう自衛隊に要請した事実があることは、記憶しておいたほうがよいでしょう。もしほんとうに出動していれば、国会を取り囲んだすべての国民を敵にまわすことで、その後の自衛隊の正統性の調達は大きく揺らいだことでしょう。

災害出動に特化して、「平和な軍隊」の評価を確立したからこそ、今日の自衛隊への社会的認知が成り立っています。自衛官募集のポスターに「平和を仕事にする」とあるのを見るたびに、「人殺しを仕事にする」と書き換えたい衝動に駆られますが、自衛隊は戦後七〇年のあいだ、ひとりも殺さず殺されずに来た、世界でも希有《けう》な軍隊なのです。ですがこのバランスは、いつ崩れるかわからないあやういものであることも、知っておかなければなりません。

そうか、暴力を含む権力をフリーハンドで使いたい、それが権力者の野望なのか、というホンネをあからさまに伝える追加の章がこの九章です。

「九条問題」というより、いっそ「九章問題」と言ったほうが、この自民党草案の問題点をあからさまに示すことになるかもしれません。

改正

日本国憲法第九章九六条が、問題の「改正」手続きです。

憲法は、もともと国民が作ったものですから、国民が変えることができます。ですが国の最高法規である憲法は、他の法律よりも改正のハードルを高くしてあります。

日本国憲法では、まず改正の発議のために「各議院の総議員の三分の二以上」とある手続きを、自民党草案一〇章では「両議院のそれぞれの総議員の過半数」に、承認のための国民投票の条件を、日本国憲法では「その過半数の賛成」とあるのを、自民党草案では「有効投票の過半数」に、それぞれハードルを低くする方向へ変更しようとしています。

改正要件をこのように緩和すると、一般の法律の改正ルールや、一部の住民投票の成立要件よりも、憲法改正の手続きのほうがゆるやかになり、最高法規としての論理的な序列がゆらぐことは、すでに多くの法学者が指摘しています。

九条改正のためにまず九六条から改正しようというのは、試合の最中にルールを変えるような汚いやり口で、この提案を安倍政権の口から聞いた国民はあっけにとられました。へえ、そんな手があるのか、と。

それで各地に、「九条の会」[21]にならんで、「九六条を守れ」と「九六条の会」が生まれました。

憲法を変えたくてしかたのない安倍首相は、「国会議員の（たった）三分の一の反対で、憲法を変えることができなくなるのか」と言いましたが、うらがえしに言えば、「国会議員の三分の一も反対しているのに、憲法を変えてよいのか」ということになります。

また国民投票の「その過半数」にも、有権者数の過半数、投票数の過半数、有効投票の過半数と諸説がありますが、このなかでもっともハードルが低い「有効投票数の過半数」が自民党草案では採用されています。

ちなみに国民投票も一般の選挙も、成立の要件に投票率をあげていません。戦後の国政選挙で最低の投票率を記録したのは、二〇一二年末の衆議院選挙の五九・三パーセントでした。自民党の得票率は小選挙区で四三・〇一パーセント、比例代表では二七・六二パーセントにすぎません。小選挙区制のマジックでこれでも自民党が政権に就くに至りました。つまり全有権者の二四・六七パーセント、比例代表に限ればわずか一五・九九パーセントの支持を得たにすぎない政党の手に政権が渡ることを可能にしたのが、小選挙区制なのです。

最高法規

さて最後です。日本国憲法には第一〇章「最高法規」という章があります。第九八条に「この憲法は、国の最高法規」であるという宣言に先だって、第九七条に「基本的人権」に関するだめ押しのような条文があります。

第九七条　この憲法が日本国民に保障する基本的人権は、人類の多年にわたる自由獲得の努力の成果であつて、これらの権利は、過去幾多の試錬に堪へ、現在及び将来の国民に対し、侵すことのできない永久の権利として信託されたものである。

第九八条「最高法規」に先だって、第九七条「基本的人権」が置かれているということは、「基本的人権」があらゆる法に先だつ権利であること、憲法という「最高法規」よりも上位にある権利だということの、再確認です。

この日本国憲法の精神ともいうべき第九七条「基本的人権」が、自民党草案ではすっぽり抜けおちています。まさか、うっかり忘れたわけでもありますまい。自民党の『日本国憲法改正草案Q＆A（増補版）』には「現行憲法の規定の中には、西欧の天賦人権説に基づいて規定されていると思われるものが散見されることから、こうした規定は改める必要がある」とあります。そうか、それで謎が解けました。憲法第一一条「基本的人権」の項で、天賦人権説とは人権が憲法を含むあらゆる法に先立つという考えのことだと述べました。どうやら自民党草案では天賦人権説を否定して、人権は憲法によって保障されたり、場合によっては制約されることもある、と言いたいようです。その人権が制約される場合が九章「緊急事態」なのでしょう。ここでは「人権」観の非常に重大な変更が行われると思えます。

日本国憲法第九八条は、自民党草案第一〇一条にほぼ原文のまま、踏襲されています。

が、その次にある第九九条「憲法尊重義務」はこう変わっています。

日本国憲法第九九条
天皇又は摂政及び国務大臣、国会議員、裁判官その他の公務員は、この憲法を尊重し擁護する義務を負ふ。

自民党草案第一〇二条
全て国民は、この憲法を尊重しなければならない。
二　国会議員、国務大臣、裁判官その他の公務員は、この憲法を擁護する義務を負う。

違いがわかりますか？　自民党草案では、日本国憲法にある「天皇又は摂政」が落ちて、代わりに「国民」が入りました。
正体見たり！　ですね。

憲法とは、誰が誰に発するものでしょうか？

すでに述べたように「国民の総意」にもとづいて、最高法規であるこの憲法を遵守せよ、と立法、司法、行政の三権に向けて発するものです。

自民党草案で「天皇」が脱落したのはどうしてでしょうか？

これだと天皇は超法規的存在、憲法の上位に立つ、憲法を遵守しなくてもよい存在なのかと思われてしまいます。なにしろ第一章第一条に「天皇は元首」であると宣したのだから、元首たる天皇が憲法を国民に対して発した、と考えれば、自民党草案一〇二条一項の「国民は、この憲法を尊重しなければならない」という条文と一周めぐって論理的なつじつまが合います。

つまり憲法とは国の最高権力者が国民を従わせるものだ、ということになります。これはこれまでの憲法理解とは一八〇度のどんでん返しではないでしょうか。まったくオドロキです。

国家の権力の源泉は、国民にあります。

それが「国民主権」ということの意味です。

天皇を「象徴」に仕立てたのも、「国民の総意」があればこそ。ですが、自民党草案では、権力の源泉が国民に由来することを認めるのが、ほんとうにイヤのようですね。「天皇が元首」であるとは、君主主権を意味します。

王権はそれが由来する源泉を外部に求めなければなりませんから、「天」だの「出自」だのという、神話的な由来をもってこざるをえないのです。

保守系政治家は「天皇」が大好きです。

天皇はなぜ日本を統治するのか?

なぜって天皇は昔から天皇だから……。

まるでそんなトートロジーで国家の人為性を忘れ、国民との契約を忘れ、国家をあたかも自然現象のように「運命」にしてしまいたいのでしょう。

第三章　護憲・改憲・選憲

護憲、改憲、加憲、廃憲……

憲法に対する選択肢は、ざっくり分けて次の三つがあります。護憲か改憲かの二者択一に加えて、ここでわたしは選憲という第三の選択肢を示したいと思います。

第一は改憲です。自民党は改憲派です。

最近それにさまざまなヴァージョンが登場しました。公明党からは、加憲という立場が出てきました。

廃憲論もあります。言い出したのは石原慎太郎です。

いまの憲法はもともとアメリカの押しつけだから、もうアメリカの言いなりになるのはやめよう。こんな憲法は投げ捨ててしまおう、という勇ましい立場です。投げ捨てたら憲法はなくなってしまうのかというと、大日本帝国憲法がありますから、あれをもう一度、復活させたらよいということのようです。

第二に、それに対して護憲という選択肢があります。憲法はいまのままでよい、変える必要はない、という立場です。

ところが、改憲か護憲かという対立に、奇妙にねじれが起きています。

いまのままではよくないから変えようという立場を、ふつう革新派とか改革派と呼びます。いまのままで変えなくてよいから、現状を維持しようという立場を、保守派とか守旧派といいます。ということは、改憲派の人たちが改革の旗手であり、護憲派の人たちは保守派だということになります。

かつての保守対革新の構図が、憲法に関しては攻守逆転してしまいました。どんなゲームでも、攻めと守りの対立では、攻めの側のほうがどうしても勢いがあります。守りの側は、土俵際に追い詰められがちです。

以前、ＴＶで宇野常寛[1]という若手の評論家の憲法に対する発言を聞いていましたら、なかなかいいことを言っていました。改憲派がこれだけ元気がいい、彼らは次々といろいろなアイデアを出してくるのに対して、護憲派が何でこれだけ旗色が悪いかというと、対案を出していないからだ、と。

護憲派は、「対案はありますか」と問われたら、「いまのままで変えなくていい」、だから「何もしなくてよい」としか言えません。不作為の現状維持では、守旧派になってしまいます。これでは魅力がない。「これでは若者にアピールできない」と若い世代の知識人に言われたら、そうかと思ってしまいます。護憲派は反撃の術《すべ》もなく、コーナー際《ぎわ》に追い詰められているように見えます。

吉田茂の外交戦略

奇妙なことに、これまで戦後政治では保守派が憲法九条を「活用」してきました。戦後、保守政治家は憲法九条を盾に日本の再軍備をしないことで、戦後の繁栄をもたらしたと言われています。

これが宰相、吉田茂(2)の対米外交戦略でした。

吉田首相は戦後保守政治家の鑑《かがみ》として、ほめたたえられてきました。東西冷戦下でアメリカが日本を極東戦略の一画に位置づけようと再軍備を要請したとき、吉田は憲法九条を盾にしてアメリカに抵抗しました。

もともと日本の「非武装平和主義」とは、別の言葉で言うと、米軍による日本の武装解除のことにほかなりませんでした。いったん日本の軍国主義を丸腰にしたあと、冷戦下でもういちど「反共の砦《とりで》」として日本を再武装させたいというのがアメリカの意向でした。占領の過程で、「逆コース」(3)と言われるように、アメリカの対日政策が変わったことも指摘されています。

吉田首相は、非武装は「あんたたちが押しつけたものだろう」と、アメリカの再軍備要請に抵抗しました。申し訳のように警察予備隊という名前の、よくわからない武装集団を発足させ、これが自衛隊の前身になりました。

ですが、自衛隊は自衛隊。あくまで自国防衛のためだから、という理由で、国境から外へ出さなかったのです。その結果、一九四五年の敗戦から今日に至るおよそ七〇年近くのあいだ、日本は戦死者をひとりも出さないという「平和国家」となりました。アメリカがその間、朝鮮戦争からベトナム戦争、湾岸戦争、アフガニスタン・イラク戦争……と戦時下にありつづけてきたことを考えれば、「奇跡」のようです。また朝鮮半島は、南北朝鮮の「休戦協定」のもとにあり、実質的に戦時下といえます。日本はいまだにロシアとは平和条約を締結していませんし、ロシア、かつてのソ連邦は、長きにわたって日本の仮想敵国でした。自衛隊の主力部隊の多くが北海道に基地を置いているのは、そこが前線基地になるという想定のもとでした。

一度も他国と戦火を交えなかったにもかかわらず、日本の軍事予算は着々と増え、いまではアジアで、自衛隊は中国軍に次いで第二位の軍事力を持っています。

国境から外へ出さないと言っていたはずなのに、もうすでに何度も海外派兵を実施しています。軍事行動ではなく、国連平和維持活動の一環だ、武装していくのは自衛のためだ、武力紛争地域ではなく安全だとわかった地域にしか送らない、安全かどうかは「そこが自衛隊のいる場所だから」安全だ……と、ありとあらゆる詭弁《きべん》を弄《ろう》しながら、既成事実を積み重ねてきました。

国連PKO活動でも参加各国のなかには戦死者を出している国もあります。薄氷を踏むような海外派兵の積み重ねのもとで、これまでひとりも自衛官の殉職者を出していないことも、「奇跡」に近いと言ってよいかもしれません。それだけでなく他国の戦争のために後方支援をすでに経験していますし、同盟国との合同軍事演習も行っています。

憲法をいじらないまま、解釈改憲を積み重ねてきたのです。

集団的自衛権を行使して国外に自衛隊を派遣できるかどうかについては、これまでの政権は「現行憲法ではそこまで認めていない」と慎重な姿勢をとってきましたが、現安倍政権は、内閣法制局長官の首をすげかえるという姑息な手段で、解釈の枠を変更しようとしています。解釈だけでこれだけの変更ができてしまうのなら、何も憲法を変えなくてもよさそうです。最近では、安倍首相が憲法解釈の変更は「閣議決定」で進めることができると言い出しました。立法府の憲法改正手続きも、「法の番人」としての司法府の権力も何のその。行政権力だけで憲法を意のままにできると言わんばかりです。この行政府の「暴走」を憲法は止められないのでしょうか。

二枚舌

法と運用とのあいだに著しいズレがある状況を、わたしたちは二枚舌といいます。タテマエとホンネの二重基準です。

二枚舌は汚いふるまいです。これまで保守政治家はタテマエを変えず、解釈改憲や運用で、二枚舌を使ってしたたかに生きてきました。護憲派も同じように、その二枚舌を追認しようとしている汚い人たちだと、言われかねません。若者たちがそれに反発するのは無理もないと思います。

そうなると改憲派から、これまでこういう二枚舌で生きてきたが、この際タテマエをホンネに合わせて、二重基準をきれいに一つにしようじゃないか、と呼びかけられたら、そちらのほうがよほど清く美しく聞こえることでしょう。

日本にはすでに、事実上軍隊があるのだから、それを国防軍と呼ぼうではありませんか。その人たちに本来の役割を果たしてもらおうではありませんか。そのうえ大震災の活躍で自衛隊の評価が上がりましたから、いつまでも自衛隊を日陰者扱いしないでちゃんと認めてあげましょうよ、と言われたら、これに対抗しにくいでしょう。

かつて二枚舌でオモテとウラを使い分けてきた保守政治家たちに代わって、現状を変えないまま、「しようがないよね、自衛隊、もうこれだけ大きくなってしまったし、いまさらやめろとは言えないし、それからああいう自然災害があると自衛官は大活躍してくれるし、もしかしたら原発の事故現場に『突入！』という死を賭した命令に応じてくれるのは、ふつうの公務員には無理でも自衛官にはやってもらえるかもしれないし、自衛隊、あっていいよね」というふうに、いまや護憲派ですら思っているかもしれません。

そう思ってしまった人が、村山富市(4)元首相でした。

村山富市は一九九四年に自社さ連立政権が成立したとき、議会第二党の党首にすぎなかったのに、第一党の自民党の策略にのって内閣首班の地位に就きました。

いまからふり返っても、あれは実に老獪《ろうかい》な自民党の戦略でした。

内閣総理大臣は自衛隊の最高指揮官です。自衛官に死ねという命令を発することもできる長です。その指揮官の属する政党の綱領が、「自衛隊は憲法違反」ではいけないだろうと言って、党名ともども党の綱領のほうを変えてしまったのです。

もと社会党のちに社民党は、一九八九年のマドンナ選挙で土井たか子党首（当時）に率いられて大躍進したあと、九三年には政権与党に入るほど有権者の支持を集めたのに、その時から凋落《ちょうらく》が始まりました。なぜあの時の力を生かせなかったのか、深刻に歴史的な反省をしてもらいたいものです。

対抗政党としてアイデンティティを持っていた社会党が、第二保守党になってしまったことへの支持者の失望は深いものでした。あのとき、末端党員のもっとも良質な部分が離れた、とわたしは思っています。社会党もこうやってとりこまれました。

このように、この際タテマエとホンネのギャップを解消しましょう、二枚舌を実態に合わせましょうという改憲論には説得力があります。その改憲派が、憲法改正のハードルは高そうだから、諦めて解釈改憲でいこうとするなら、改憲派と護憲派の違いは限りなく小さくなります。あとは解釈や運用上の対立となり、憲法は空洞化し、憲法への信頼性はますますゆらぐことでしょう。護憲派は「何もしない」ことで、それに加担しているかもしれないのです。

選憲

これに対してもう一つ、第三の選択肢が選憲です。選憲とは、現在ある憲法をもう一度選びなおしましょうという提案です。

この三つの選択肢のうち、改憲・護憲・選憲のどれを皆さん方は選択なさるでしょうか。

わたしは選憲派です。

同じ憲法を、もう一度、選びなおしたらいいではありませんか。だって、もう七〇年近くもたつのだから。できてからおよそ七〇年、手つかずのままの憲法は諸外国にもめったにありません。アメリカ合衆国憲法も、ドイツ連邦共和国基本法も、なんども手直しされています。憲法は変えてはならないものではありません。金科玉条のように「守れ」と言わなくてもよさそうです。

人生の選択だって、一回限りとはかぎりません。

超高齢社会では、金婚式を迎える夫婦も増えました。結婚したときには、まさか半世紀以上も一緒に夫婦をやっているとは思わなかったかもしれません。金婚式を迎える夫婦だって、解散の危機を乗り越えながら、人生の節目節目にお互いの顔を見合わせて、「しょうがないよね、これから後もこの人とやっていこうか」と何度か選びなおしをしてきたあげくに、半世紀の記念日を迎える人たちではないでしょうか。

憲法だって同じです。

節目で何度でも、もう一度選びなおしたらいいではないか。

戦後生まれのわたしたちの世代にしてみれば、生まれる前にできた憲法は、自分で選んだわけではありません。戦後生まれが人口の四分の三以上を占めた今日、憲法をもう一度選びなおすという選択肢を、その憲法ができたときには生まれていなかった人たちに、与えてもいいのではないかと思います。

愚行権

この立場は「九条国民投票」の提案と似ています。改憲も選憲も、いずれにしても国民投票を経なければなりません。護憲派のなかには、この国民投票そのものに反対する人たちが少なくありません。そこには、「国民」を信頼できるかどうか、という問いが関わってきます。

福島原発事故が起きたときに、東京都で脱原発を問う都民投票をしようという運動が起こりました。東京都は福島原発が生産した電力の大消費地であり、また東京電力の大株主ですから、東京都が脱原発に舵《かじ》を切ったら、影響力が大きいと期待する人たちでした。

それに賛成する人たちと反対する人たちがいました。

反対する人たちは脱原発を進めたいにもかかわらず、住民投票をしてしまうと、うかうかとメディアや政治家に乗せられやすい大衆が流されてしまうかもしれないという、危機感を持つ人たちでした。どちらかといえば知識人と言われる人たちのあいだに、こういう慎重論は強かったように思います。

事実、世論調査の動向を見ると、原発事故直後、原発反対派はまだ少数派で、あとになるほど多数派に増えていく傾向がありました。

脱原発派が増えたのは、メルトダウンだのチェルノブイリ級の大事故だのという、隠されていた事実が次々とあかされ、事故処理が長引いて事態の深刻さがしだいにわかってきたからだ、という説があります。逆に言えば、もし収束がもっと早ければ、あれだけの大事故を起こしても「あたかもなにごともなかったかのように」忘れたいのが大衆だ、と言われかねないデータです。

反対派の人々の懸念をうらづける出来事がありました。

当時、大阪では橋下徹人気が急上昇中で、一時は「次の総理候補」とまで言われたものです。「大阪都構想」などと実体のない雲をつかむような公約を掲げ、これと言って実績のない、しかも人権感覚のないタレントのような政治家を権力の座に押し上げてしまう有権者……。ああいうふうに、流されやすい大衆に、住民投票で脱原発の是非など問いかけて、万が一原発ＯＫとなってしまったら、かえってとりかえしがつかない……と恐れる人たちです。

それでもわたしは、もし愚かな選択をしたとしたら、それも主権者の責任だと思います。民主主義には愚行権という権利もあると指摘したのは、倫理学者の加藤尚武《ひさたけ》(5)でした。まちがう権利も主権者の権利のひとつです。正しい独裁よりは、集団の試行錯誤こそが、民主主義の基本だからです。わたしたちはわたしたち自身の経験から学ばなければなりません。

ですからどんなものであれ、憲法を自分たちで選ぶということは、主権在民の大切な契機のひとつなのです。

鈴木安蔵の憲法草案

ところで改憲論者の主張には、戦後憲法が占領軍による「押しつけ憲法」であって、自分たちが選んだものではない、という主張があります。

勝者による武装解除を「恒久平和主義」といいくるめ、「国体護持」の悲願を「象徴天皇制」でごまかした押しつけ憲法こそが、日本の戦後のスタート時の汚点であり、その後ひさしく戦後政治のねじれと頽廃《たいはい》のもとになった、という主張です。このようなウソで固めたごまかしを根っこに持つ国民が、自分たちの国家に誇りを持てないのは当然、という考えです。

「国に誇りを持ちたい」「誇りを持てるような国にしたい」と保守系政治家が言うと、何かカッコよく聞こえてしまいます。

その戦後史の汚点、ねじれ、頽廃を、今こそ正そうというかけ声は、もともと「押しつけ憲法」説によっていますが、歴史家たちはこれにはっきりとノーを言っています。

この憲法ができたときに、多くの国民が戦争に負けた贈り物だと考えて、この憲法の三原則を大歓迎したという証言はあまたあります。最近も天皇が八〇歳を迎えた誕生日の会見で「戦後、連合国軍の占領下にあった日本は、平和と民主主義を、守るべき大切なものとして」日本国憲法をつくったと発言し、機会があるごとに、「憲法を遵守します」とくりかえすのは示唆的です。

占領軍が憲法草案をつくっていたときに、同時に日本のなかでも憲法草案をつくる人たちがたくさんいました。そのなかでは鈴木安蔵(6)の憲法研究会(7)が有名です。

憲法研究会は、自分たちのつくった草案を占領軍司令部に提出しました。この憲法草案が現行憲法に非常に似ていて、占領軍草案に大きな影響を与えたことが明らかになっています。

鈴木安蔵は明治の民権運動の研究者でした。民権運動のなかからは、憲法草案が数十篇も生まれています。民権家が構想した憲法は、国権憲法ではなく、民権憲法です。そのひとつに、歴史家の色川大吉[8]が発見したことで有名な「五日市憲法草案」がありますが、そこには国帝や政府が国民の権利を侵したときにはこれを拒絶する不服従の権利があるとしていますし、同じ頃（一八八一年）土佐の植木枝盛《えもり》はもっとはっきり権力に対する「抵抗権」「革命権」を明文化しています。

鈴木安蔵のもうひとつの大きな功績は、憲法二五条で知られる「生存権」でした。「全て国民は、健康で文化的な最低限度の生活を営む権利がある」という生存権を憲法草案に書きこんだ初めての人が鈴木です。

何もアメリカに教わらなくても、日本にもこういう自前の憲法草案があって、それが現行憲法と非常に多く重なっているということがわかっています。

今の憲法だって、戦争に負けた日本人が痛切な思いから選びとったもの、という見解に、多くの歴史家は同意しています。

ベアテ神話

もう一つ、憲法一四条「法の下の平等」に「性別による差別を受けない」という「男女平等」条項が入ったのが、ベアテ・シロタ・ゴードンという、当時二三歳だった占領軍勤務の若い女性の発案だったというので「ベアテの贈りもの」と呼ばれていることについても触れておきたいと思います。

わたしはこれを、「ベアテ神話」と呼んでいます。

なぜなら占領軍に示唆されるまでもなく、日本国内で男女平等は、それ以前に十二分に機が熟していたからです。

男女同権の基本のきは婦人参政権、つまり政治的意思決定に参加する権利の男女平等です。参政権は「権利のなかの権利」、自分と自分が属する集団の運命を決める権利ですから、あらゆる政治的権利の上位にあります。その婦人参政権は、幣原《しではら》喜重郎《きじゅうろう》首相がマッカーサーから婦人参政権を含む憲法改正について示唆された一九四五年一〇月一一日のちょうど前日、一〇月一〇日に閣議ですでに決定されています。婦人参政権はあたかも棚からぼたもちのように占領軍がもたらしたものという考え方がありますが、まったく歴史的事実に反しています。

戦前にも一九三一年に、婦人公民権法案が衆議院で可決されました。その後、貴族院の反対にあって成立しなかったのですが、この当時すでに成立直前まで来ていました。ここまでこぎつけたのは、婦人参政権獲得運動を率いてきた市川房枝(9)をはじめとした、戦前の女性たちの力でした。

ちなみに一九二五年、男子普選法――たんに普選法とは呼ばず「男子普選法」と限定して呼んでください――が成立したとき、若き日の市川房枝は自分の日記に、「この日を女子に参政権が否定された日として末永く記憶にとどめておこう」と書いたと言われます。

ですから、日本の婦人参政権は、たんなる占領軍の「贈り物」などではなかったのです。

それならどんな憲法がほしいのか？

最近、憲法ブームなのか、「週刊読書人」から、憲法アンケートが届きました。「現行憲法で好きな条文、嫌いな（あるいはおかしいと感じる）条文についてお聞かせください」というものです。それに答えたのがこれです。

第一章第一条　天皇

九条も大事だが、どうしてもひっかかるのが、一章一条。のっけからつまづく。この条文、どう読んでも意味がとおらない。そもそもヒトを「象徴 symbol」というのはヘン（「象徴的存在」という言い方はあるが）。この一条があるばかりに、日本は国民主権の共和制国家とはいえない。「象徴天皇制」（というわけのわからないもの）はアメリカの占領政策の創作。敗戦直後には、国民のおよそ三分の一が天皇制廃止論者だったと聞いた。いつのまにか天皇は昔から「象徴だった」というように、過去を捏造《ねつぞう》して「天皇、いてもいいんじゃない？」と戦後日本人は洗脳されたのだろうか。もし「押しつけ憲法」を言うのなら、まずこの第一条を改正すべきだろう。二条の皇位世襲の規定も、民主主義に反する。

自民党草案は、一条を改正して「天皇は日本国の元首である」としている。「元首」は他国なら君主や大統領に相当する地位。これは現行憲法を否定して、明治帝国憲法へと逆戻りするもので、共和制とはあいいれない。天皇が元首なら日本は君主制の国家。この一条を手つかずのままにしておくなら、日本は民主主義の国家とはいえない。

わたしの選憲論は、もし憲法を選びなおすなら、いっそつくりなおしたい、というものです。

その際、どうしても変えてほしいのが一章一条天皇の項です。象徴天皇制というわけのわからないものは、やめてほしい。これがある限りは、日本は本当の民主主義の国家とはいえません。

民主主義の国家のことを共和制国家といいます。日本は共和制ではありません。立憲君主制の一種といってよいですが、自民党憲法草案は天皇を元首にかえて、君主国家にしようとしています。たとえ立憲君主制でも君主制は君主制。イギリスが連合王国 The United

Kingdomであるように、日本はヤマト王朝をいただくヤマト王国ということになります。

王権というのは世襲ですから、世襲というのは「法の下の平等」をうたう民主主義に完全に反します。天皇が好きな人は、民主主義のキライな人です。人の上に人を置くのですから。権威の好きな人といってもいいでしょう。

象徴天皇に権力はありませんが、権威はあります。

そして権威にとっては、その起源を人々が忘れているか、あるいはその起源を神話化して問いを封印するほうが好つごうです。

いまの天皇は自分の権威をよく自覚して、それを上手に使っているように思えます。大震災の被災地を訪ねて避難所のお年寄りの手をとったりすれば、ただのボランティアが同じことをするより、「もったいない」「かたじけない」と感謝されます。

天皇の権威を最大限「活用」したのが、敗戦後の「行幸」でした。占領軍のシナリオによるといわれている天皇行幸は、占領下で何回もくりかえされました。空襲の惨禍のもとにあった地方都市や敗戦の虚脱状態にある国民を全国に訪ねてまわる天皇「行幸」は、敗戦国民の復興への意欲をかきたてた、といわれています。占領軍はその統治効果をよく承知していました。

いまの天皇は、その権威にふさわしいお人柄だと賞賛されることもあります。が、天皇の身分や権威は、その人柄のよしあしにかかわりません。その身分が世襲から来ているのですから、やはり民主主義とはあいいれないと、なんどでもいう必要があるでしょう。それに人の一生を「籠《かご》の鳥」にするような、人権を無視した非人間的な制度の犠牲には、誰にもなってもらいたくないものです。

もし選憲するのであれば、日本に共和制国家になってもらいたいとわたしはつよく思います。

一条改憲。これが選憲の一つの選択肢です。

天皇がいなくなったら?

ただし、天皇という権威の重しをとったら日本はどうなるか?

それを考えるおそろしい文章を、最近読みました。

精神科医の中井久夫(10)さんが最近の著書『「昭和」を送る』のなかで、長い間封印してきた昭和天皇論を公開しています。「『昭和』を送る——ひととしての昭和天皇」と題する文章です。昭和天皇が崩御した直後、ある雑誌に書かれた文章を、その後二四年間にわたって封印してきた、その封印を解いて新刊に収録したもので、その文章のタイトルがそのまま書名になっています。

中井さんは一九三四年生まれ、国民学校の世代です。

あの世代は昭和天皇に対して非常に深い、愛憎いりまじった感情を持っています。敗《ま》け戦《いくさ》に追いこまれておいたわしいという同情と、自分たちを死地に送るはずだった憎んでも憎みきれない仇《かたき》という反発と、その両方のアンビバレントな気持ちです。

占領軍が天皇制を巧妙に占領統治に利用したことは指摘しましたが、それと同時に天皇への不満や憎悪も強く、敗戦後、体感でいえば、国民の三人にひとりが天皇制廃止論者だったという、同時代を生きたひとの証言を聞いたことがあります。

この人数は日本の民主化が進むにつれて多数派になるだろうとも予測されていましたが、そうはなりませんでした。

中井さんは一九八九年、昭和天皇の崩御に際して、こう言っています。

天皇制の廃止が、一般国民の表現の自由を高めると夢想するのは現時点では誤りである。新憲法によって強大な権力を持つ首相のほうがはるかに危険である。(中略)危険な首相の登場確率は危険な天皇の登場確率の千倍、この危険を無力化する可能性は十万対一であろう。(中略)皇室が政府に対して牽制、抑止、補完機能を果たし、存在そのものが国家の安定要因となり、そのもとで健全な意見表明の自由によって、日本国が諸国と共存し共栄することを願う。日本が非常に成熟安定した時には、あるかなきかの存在になってよい(後略)。

これを読むと、当時も改憲論が登場していたことがわかります。

そのひとつが首相公選制です。日本でも首相に、アメリカ大統領なみの強大な権力を与えよう、という主張です。

もし「憲法改正によって強大な権力を持つ首相が生まれたとしたら、そのほうがはるかに危険である」と中井さんは言います。

「危険な首相の登場確率は危険な天皇の登場確率の千倍、この危険を無力化する可能性は十万対一であろう」

これが長い間、臨床現場を見てきた精神科医である中井さんの予言です。わたしはこれを読んで、背筋の寒くなる思いをしました。いかにもありそうに思えたからです。

八九年に天皇制の廃止に「現時点では反対」と思われた中井さんは、二〇一四年の今日、何とおっしゃるでしょうか。もしかしたら中井さんの危機感は、かつてより深まったかもしれません。お聞きしてみたいものです。

文章の最後に、天皇というものは「日本が非常に成熟安定した時には、あるかなきかの存在になってよい」とあります。まだその時ではない、という判断でしょう。

こういう文章を読むと、天皇の威を借りて、敗戦直後の混乱のなかにある日本国民を統治しようとした占領軍の創作物、象徴天皇制というものが、統括戦略としてはウルトラC級の見事な作品だったことがわかります。

アメリカのイラク侵攻の際、日本の占領という成功体験がアメリカを過信させたと言われますが、イラクのフセインには、日本の天皇ほどの権威がなかったということになるでしょうか。もし保守派が、日本国憲法がアメリカの押しつけ憲法だというなら、この「象徴天皇制」という占領軍の創作物こそ、まっさきに廃止しなければならないはずです。

その行き着く先が王政復古、君主制だというのは願い下げですが。

国民か人々か?

わたしの選憲にはもうひとつの提案があります。

琉球共和社会憲法を思い出してください。「共和国」ではなく「共和社会」と書いてあります。

占領軍の憲法草案の英語版に people と書かれていた用語を、日本の憲法草案作者が誤訳して「国民」と訳したことはご存じのとおりです。people を直訳すれば「人々」とか「人民」となります。「demos(民衆)の政治」を意味する democracy(民主主義)から、「民衆」と訳してもよいかもしれません。まちがっても「国民(nation)」とはなりません。

ですから誤訳にはちがいないのですが、これは意図的な誤訳でした。

なぜかというと、憲法から日本国籍を持たない人たちを排除するためです。

もっとはっきり言うと、それまで強制的に「日本人」に編入してきた植民地出身者から日本国籍を剝奪して「外国人」にするためでした。そうすれば国籍条項のある国民健康保険や国民年金から除外できるからです（健康保険や国民年金の国籍条項は、後になって緩和されました。介護保険はできたときから国籍条項のない制度です）。

それだけでなく、軍人恩給、公務員採用などなど、多くの場面で「国籍条項」が、ちょっと前まで「日本人」だった旧植民地出身者を排除しました。被爆者援護法では、対象を国内在住者に限ることで、かつて「日本領土」だった地域に住む人々を排除する効果を持ちました。

日本と同じように植民地を持っていた欧米の多くの宗主国は、植民地解放のあと、旧植民地出身者に二重国籍を与えるなどの配慮をしています。国籍を資源の一種と考えれば、かつて迷惑をかけた国の人々に、宗主国と本国両方の国籍を維持してもよいという一種の「償い」をしてきたのですが、日本はそれとは逆に、「償い」どころか蹴落とすようなことをしてきました。強制的に日本に連れてきながら、戦争が終わったら「帰れ」というのは、ごつごう主義以外の何ものでもありません。

わたしの選憲のもうひとつの提案は、日本国憲法の「国民」を、もとにもどしてすべて「日本の人々」「日本に住む人々」に変えることです。

「人々」って誰のことですって？

日本社会を構成し維持しているすべての人々、と考えましょう。それならわざわざ「国民」と「住民」を使い分ける必要もなくなります。地方自治体のサービスを受ける権利を持ち、その負担を分担する義務を負う人が「住民」なら、日本に住所地を持ち、そこに住民登録したすべての人が、国籍にかかわりなく「日本国」を担う人々としてその権利と義務を負う、でよいではありませんか。

そもそも「日本国民」と「日本国民」でない人とは、どうやって区別したらよいのでしょうか？

国籍というのは、たったひとつの国への帰属しか認めない、とても排他的で不自由なものです。日本の国籍法には「国籍離脱」についての条項がありますが、それは他の国籍を取得したときのみ。どこにも属さないことは認められていませんし、どこかひとつの国籍に所属しなければなりません。

日本政府は二重国籍を認めていませんが、世界には二重国籍を認めている国がいくつもあります。二重国籍を持っている人に対して、「あなたはどちらなの？」と聞くのは無意味です。答えはたったひとつ、「両方」しかありませんから。

この問いが踏み絵の役割を果たすのは、戦争の時です。

「どちらつかず」の人は、その忠誠が疑わしいぬえ的な存在、場合によってスパイとさえ疑われます。もし二重国籍の人のふたつの祖国が戦争したら？　半身がもう半身を殺すことなんて、できるでしょうか？

こう考えたら、たったひとつの国に忠誠を要求する排他的な国籍より、二重国籍どころか三重国籍、多重国籍を認めたほうが、世界はもっと平和になると思いませんか？

グローバリゼーションと人口移動に伴って、四分の一はロシア人で、四分の一は中国人、半分は日本人、のようないろいろな出自が入り交じっている人たちが増えています。それなら四分の一はロシア国籍、四分の一は中国籍、二分の一は日本国籍、というように、国籍を分割してもよさそうなものです。

もともと日本列島に住む人々は、混血種だといわれています。アイヌや熊襲《くまそ》のような先住民族がいたともいわれますし、縄文民族と弥生民族とは出自も文化もちがう、という指摘もあります。北のほうに住む人々は大陸系の北方民族に近い容貌をしていますし、南のほうの人たちは東南アジアからオセアニア圏と共通の風習を持っています。日本列島を取り囲む四辺の海は、列島を他からへだてるどころか、ありとあらゆる世界へとつなぐ「海上の道」（柳田国男）だったのです。「純粋な日本人」なんて、いったいどこを探せば見つかるのでしょう？

「おまえはどこに属するのか？」という強迫的な問いから、わたしたちはそろそろ自由になってもよいのではないでしょうか。そういう多様な人たちが縁あって同じ土地に住み、助け合ってつくりあげる日本国って、とてもすてきではありませんか。

議員選挙と首長選挙のねじれ

選憲派は、改憲派と手続き上、似たような立場に立ちます。

選憲をつよく主張すれば、改憲手続きのハードルを下げることに同意する人もいるかもしれません。ですが、ここは「九六条改憲」のような姑息な手段をとらず、正々堂々と現行憲法の手続きにしたがって選憲論をおしすすめることにしましょう。

憲法改正手続きには、ふたつのハードルがあります。

国会での発議と国民投票です。

国民投票は、直接民主主義の一種だといわれています。その直接民主主義に対するものが、間接民主主義、代表制民主主義とか代議制民主主義といわれているものです。国会は、代議士を選挙で選ぶ代議制民主主義によっています。

直接民主主義と代議制民主主義との違いはなんでしょうか？

国民国家のように規模の大きい集団では、民主主義には、代議制民主主義しか選択肢はないのでしょうか。

若手のセンスのよい政治学者の一人、山崎望[11]さんに、代議制民主主義というのは、いくつもある民主主義のなかでも問題の多い民主主義の一つだと教えてもらいました。

山崎さんによれば、代議制民主主義とは、投票によって意思決定権を代表に託すことで選良政治の一種であり、エリート政治であることで背後には衆愚への警戒心があり、政治参加を四年に一回の投票に限定することで、市民の政治参加を促進するよりはむしろ抑制する意思決定のシステムである、と。

わかりやすい説明です。

ずばり一言で言うと、代議制民主主義とは、民衆とは愚かであるという愚民説に立つエリート政治なのです。そう思えば、投票に行く人たちの無力感やロビー政治に対する期待感のなさも説明できます。もともと市民の政治参加を「促進よりはむしろ抑制」するシステムなのですから。

これに対して、直接民主主義に近いのが住民投票と言われるものです。国民投票は、その一種です。そして直接民主主義と代議制民主主義とは、しばしば対立する関係にあります。

一般に議員は住民投票がキライです。なぜかというと、自分たちの権力を足元から掘り崩すからです。自分たちを選び権力を与えた有権者が、自分たちで直接ものごとを決めてしまえば、議員は必要なくなります。議会と住民投票との結果がねじれた場合には、二重権力状況が生まれてしまいます。ですから、議会は住民投票請求を否決したり、住民投票のハードルをわざわざ高くしたりして、妨害する側にまわります。小平市で起きたのはそういう事態でした。

　現在の政治制度のもとで、直接民主制に一番近い市民の政治参加の仕組みは、議員選挙ではなくて首長選挙です。首長選挙だと風が吹きます。これまで地方政界に足場を持たなかったダークホースが、風向き次第で当選したりします。自治体首長選挙は、選挙人名簿に載る有権者に投票日の三ヶ月前から住民票がその自治体に登録されていることを要求していますが、被選挙権者（候補者）には住民登録を要求していません。ですから、宮崎県の東国原《ひがしこくばる》英夫知事とか長野県の田中康夫知事のような落下傘に近い候補者が当選することも起きます。

　同じ有権者が投票するのに、なぜこんなねじれが起きるのでしょうか。

　無党派層と浮動票が増えた今日では、選挙区が大きいほどその影響が強く、選挙区が小さいほどその影響が小さくなります。つまり議会と首長とでは、代表する民意が異なるということになります。

愚民民主主義

ところで、代議制民主主義に問題があるとして、直接民主主義はよきものでしょうか。議員にまかせておけないことは、住民や国民が総意で決めたらよい、のでしょうか。住民投票や国民投票は、やらないよりやったほうがよいのでしょうか。

先ほど示したように、脱原発都民投票に不安を覚え、これに反対する慎重派の人々がいました。

もしたったいま、九条改正を争点にして国民投票をやったとしたら？　尖閣《せんかく》列島をめぐる日中のこぜりあい、竹島をめぐる日韓の対立、北朝鮮のミサイル発射や核実験……。

東アジアの国際情勢が緊張するなかで、領海警備を海上保安庁に任せておけない、国防軍をつくれという声に流される愚民大衆がいるかもしれないと思う人たちも、いるかもしれません。九条を守りたい一心で、これを国民的審判にかけることそのものに反対する人々……こういう愚民民主主義観を持つのが、エリート主義者です。

わたしは主権者の一人です。主権者の一人として、主権者の権利を拡大してほしいと思います。ですから、代議制民主主義だけでなく、住民投票や国民投票のような市民の政治参加の機会は、ないよりあるほうがよいと思います。そのなかでもし愚かな選択をしたとしても、それでも主権者の権利は、大きいほどよいと思います。

民主主義とは、わたしたちの身の丈に合わせてよいほうにも悪いほうにも働く場合があります。たとえば牢固《ろうこ》として保守の地盤が変わらない土地柄に、改革派の旗手のような堂本暁子が出馬して千葉県知事になるということも起きれば、大阪で橋下旋風が起きて、橋下徹と維新一派を権力のトップに押し上げるということも起きます。

大阪の人たちは実利実益を重んじる人たちだと思っていましたから、橋下さんのいう「大阪都構想」とか、当面実現の可能性もない、実体のないスローガンになぜ流されるか、と不思議でしょうがなかったので、大阪の人に聞いてみました。

「橋下さんの人気は、何でこんなに高いんですか」

「まあ、元気のええヤツにいっぺん知事をやらしたったら、ええやないか」

という返事が返ってきました。そのうち、

「まあ、いっぺん総理でもやらしたったらええやないか」

になりかねません。

「実績もなく未知数の人材に、大阪の将来を託してもよいのですか、大阪の人たちは、そんな博打《ばくち》を打たなければならないほど、現状に希望がないのですか」とかさねて尋ねたら、

「いやあ、だって横山ノックを知事にしたのが大阪人ですから」……わたしの発言ではありません、大阪府民の発言です。

横山知事は、セクハラが理由で辞職しました。

東京都民も、そう大きな顔をしていられません。石原慎太郎を何度も再選させ、その後継として史上最高の得票数四三〇万票で当選させた猪瀬《いのせ》直樹が、わずか一二ヶ月で不祥事で引責辞任したという経緯があります。候補者を見る目がなかったのか、それともだまされやすかったのか……いずれにせよ、知事の犯罪には、選んだ有権者にも責任を感じてもらいたいものです。

日本の三大都市、東京都、大阪市、名古屋市の行政はひどいことになっています。これは直接投票に最も近い首長選で吹いた風が選んだ結果です。

これなら、地域権力構造の利害の網の目にがっちりと根をおろした保守政治家たちが牢固として地盤を守り、現状を変えないほうがましじゃないだろうか。浮動票が吹かす無責任な風に対してむしろ抵抗勢力として残ってくれているほうがまだまし、と考える人がいるのも理解できなくはありません。

全体主義の起源は大衆民主主義か?

民主主義の愚行権を思い出させてくれたのが、現安倍政権の副総理大臣、麻生《あそう》太郎の「失言」でした。

二〇一三年七月国家基本問題研究所の月例研究会で、麻生副総理は、改憲派はできるだけ騒がず、「憲法はある日気づいたらワイマール憲法(12)が変わって、ナチス憲法に変わっていたんですよ。誰も気づかないで変わった。あの手口に学んだらどうかね」と発言したことで、問題になりました。

というのは、ナチの独裁権力は、ワイマール憲法という当時世界で最も民主的だと思われていた憲法下で、完全に民主的な手続きによって成立したものだといわれているからです。ドイツの民衆は自分たちの意思決定権を放棄し独裁者に委ねるという決定を、民主的に行いました。ですから、日本のファシズムとドイツのナチズムとは成り立ちが違う、ドイツは「下からの」、日本は「上からの」ファシズムだと言われる根拠になっています。

民主主義は民主主義的に民主主義を否定することもできる……この謎に挑んだのが、当時のフロイト左派[13]と言われる知識人、エーリッヒ・フロム[14]の『自由からの逃走』や、テオドール・アドルノ[15]の『権威主義的パーソナリティ』でした。

もうひとり、ハンナ・アーレント[16]という政治学者が、『全体主義の起原』という大著を書いています。この人はユダヤ系ドイツ人で、ナチスの迫害を受けてアメリカに亡命した人です。

彼女によれば、全体主義の起源は大衆民主主義そのものです。民主主義は大衆民主主義とのあいだに歯止めがきかず、大衆民主主義は全体主義への歯止めがききません。ファシズムとは、権力の強制によらなくても、民衆のあいだに強い同調圧力が働くシステムですから、民主主義と全体主義とは親和性が高いのです。

アーレントも、一種の愚民民主主義観を持っていることがわかります。

そうなると愚民民主主義よりも、エリート民主主義のほうがまだましなのだろうか、と思えてきます。

選憲の手続き

こういう歴史の教訓を考えますと、憲法を変える、しかも憲法を民主的に変えるということは、相当に恐ろしいことだという気分がしてきます。

議会では多数の専制によって意思決定が行われ、国民投票も風向き次第でどこにどう流れるかわからない。それでも主権者として意思決定の機会を持とうじゃないか、というのが、選憲論です。

日本国憲法の改正手続きは、その点、二重、三重の安全装置のついた、周到な配慮のもとにあります。

まず国会の各議院の総議員の三分の二以上の賛成によって発議をしなければなりません。通常の法律の成立要件、定足数に達した出席議員の過半数よりも、高いハードルを課しています。しかも衆参両議院で共にこのハードルを越さなければなりません。衆参のねじれが起きていれば、どちらかの議院で成立しても他方の議院で成立せず、発議は成り立ちません。しかもこの改正については、衆議院に差し戻して再成立ができるという「衆議院の優位」が成り立ちません。「良識の府」——最近ではあやしいものですが——である参議院のチェック機能がじゅうぶんに発揮されるようになっています。そう考えれば、衆参の「ねじれ」は悪いことばかりではないのです。

その次に国民投票の規定があります。「日本国憲法の改正手続に関する法律」に「投票総数の二分の一」とあります。その「二分の一」が、有効投票の過半数なのか、投票率は問われないのか、という議論はありますが、住民投票に近い自治体首長選挙でも、投票率は問われないながら、有効投票数の過半数を得なければ信任を得たことにならないというハードルはありませんから、「二分の一」とは相当に高いハードルだといえます。

もし改憲や選憲を唱えるなら、現行憲法が課したこのハードルを、正々堂々と越してもらいましょう。

そして改憲や選憲の過程で、どんな憲法がほしいのか、議論百出してもらいましょう。自民党草案だけにまかせておくことはありません。各党が独自の憲法草案を出して競い合えばよいでしょう。もちろんわたしの提案もそのなかのひとつとして、議論の対象にしてもらいましょう。外国の憲法を参考にしてもかまいませんし、外国の人から提案を受けてもかまわないでしょう。決めるのはわたしたちですから。

明治時代にも、敗戦後にも、どんな憲法がほしいのか、侃々《かんかん》諤々《がくがく》の議論をしてきた人たちがいました。復帰後の沖縄の人たちも、何種類もの憲法草案を考えました。いまのわたしたちが考えてよくない理由はまったくありません。

いろいろな提案を議論し、検討したあとで、意思決定の手続きにかけて、もし新憲法が成立したら、それは「国民の総意」となるでしょう。もしそうならなければ……？

結果は、国民は現行憲法を「選びなおした」ことになります。

それはいまの憲法がベストであることを少しも意味しません。いまの憲法にも問題はいろいろあります。が、政治的な選択とは、「より悪くない（less worse）」選択のことです。

いまの憲法を何度でも審判にかけ、何度でも選びなおす……そうすることで、その過程に参加したわたしたちは、はじめて、いまの憲法を自分たちが選んだと納得することができるでしょう。

たとえ結果が変わらなくても、それは「何もしない」ことによって得られたものではないからです。憲法九条を守りたいあまり、憲法論議そのものを封印する態度は感心しません。これでは変化を「静かに起こそう」という「ナチスの手口に学べ」の改憲派と変わりません。

そのためにも、憲法論議は、起きないよりは起きるほうがずっとよいのです。

もうひとつの選憲論

いまから二〇年近く前、一九九七年に、選憲論を唱えた人がいました。加藤典洋《のりひろ》さんの『敗戦後論』です。

戦後史のスタートにねじれがあったばかりに、「消え去ろうとしない過去」にたたられつづけて、政治家の靖国神社参拝のたびにアジア諸国との関係を悪化させる日本。ヨーロッパではEUができたのに、アジアでは同じような地域連合、アジア共同体がなぜできないのだろう、と疑問を持つ人もいますが、日本とドイツのその後の敗戦処理の違いを見てみると、それも無理もないと思わざるをえません。ドイツは甚大な被害を与えた近隣諸国と戦後たゆまぬ融和を図ってきました。もちろんその背後には、ヨーロッパ諸国とアメリカの強い監視と包囲網があったのですけれど。

他方、日本はといえば、冷戦体制のもとで「反共の砦」として日米同盟下に入り、「最後の分断国家」韓国の軍事政権を応援して、中国とも北朝鮮とも久しく国交回復すらしてきませんでした。しかも、ことあるごとに侵略戦争を否定するタカ派の発言がくりかえされて、被害国民の神経を逆なでしてきた経歴がありますから、近隣諸国との信頼関係など築かれておらず、これでは「アジア共同体の盟主」なぞ任じる資格はないのです。敗戦後の処理をあやまったツケが、半世紀以上たまりにたまった結果、「未来志向の関係」を求めようとしても無理なところまで来ています。

敗戦後のねじれを解消するためには、まず「戦死者三〇〇万人」をとむらう「日本人という主体」を立ち上げなければならない、と主張する加藤さんの議論には、「アジア二〇〇〇万人のとむらい」のほうが先だろう、とか、哀悼の主体に「日本人という主体」は要らない、とか、さまざまな批判を浴びました。わたしも加藤さんの議論にはさまざまな点で異論を持っていますが、彼の選憲論には、聞くべきところがあったと思います。

当時は日本の政治も世論も、これほど右傾化しておらず、近隣諸国との関係もこれほど緊張していませんでした。自衛官出身の田母神俊雄のようなタカ派が、都知事選で二〇代投票者の四人に一人の支持を集めるなどと、誰が予測できたでしょう。

九条改憲についても、その当時の世論調査では護憲派が圧倒的に多く、改憲論は少数派でしたから、そんなときに「選憲論」を唱えるのは、寝た子を起こすようなものだ、とスルーされた気配があります。

二〇〇七年に加藤さんは『論座』でふたたび選憲論を唱えます。二〇〇五年版の自民党の憲法草案が出たあとのことです。

ここで加藤さんは、九条について三つの選択肢を示します。(1)理念に現実を従わせる、(2)現実に理念を従わせる、(3)現状維持、の三つです。前二者は「ねじれ」解消の、まったく方向が違う二つの選択肢、最後は矛盾を矛盾のままにしておくことです。(1)は日本国憲法前文にいう「平和を愛する諸国民の公正と信義に信頼して」武力を持たないという理想主義的な立場であり、二一世紀になっても戦火のやまない今日、「そんな脳天気な理想を掲げても」と、周囲から相手にされません。(2)は、国際政治のリアリズムのもとで日米同盟を強化し、集団的自衛権を行使できるようにしようという自民党改憲派の立場です。理想主義をかなぐり捨てようという立場に、日本人の多くは今でも乗れませんし、何よりいったん歯止めを失ってしまったら政権が暴走するのではないかという不安が抑えられません。(3)はこれまでどおりの二枚舌を使いつづけることです。自衛隊を「合憲」とした司法判断のもと、日米同盟下で軍事力を拡張し、東アジアの緊張に対処すること。使わない刀を磨いておくことです。

これをオトナの態度と呼ぶ向きもありますが、二枚舌や矛盾を突く潔癖な論理には、とうてい反論できません。

九条改憲のハードルの高さがわかってきたのか、安倍政権は「解釈改憲」に舵を切ったように見えます。内閣法制局長官の首のすげかえはその布石でした。解釈改憲の幅が大きくなればなるほど、ねじれや矛盾は大きくなります。解釈改憲は(3)現状維持の一種です。そうなると「汚い」のは保守派のほうとなって、彼らの「大義」はなくなります。

同盟国の軍隊として自衛隊を海外に派遣してほしいというアメリカ政府の要請を、歴代の政権は、「憲法違反になるから」と慎重に断ってきました。実際には「国連」の名において、「平和維持活動」の名において、「非戦闘地域での平和貢献」の名において、実質的に海外派兵が行われてきた既成事実がありますが、大手を振って、というわけにはいかなかったのです。それにいらだっているタカ派の政治家たちもたくさんいます。

それならいっそ九条「選びなおし」の選択肢に、次のような項を付け加えるという案もありえます。公権力が物理的暴力を行使せずに社会を統治することは理想ですが、残念ながら現実はそうなっていません。国内にはすでに警察権力があり、これを廃止せよという人は誰もいないのですから、残念ですが国際政治のリアリズムのもとで、最低限の必要悪を認めるという立場です。長期的には軍縮の過程で軍隊の縮小・解体を果たすことがのぞましいと思いますが、脱軍隊は脱原発と同じで、すぐにはやってきません。そのためには国際協調が必要ですし、脱原発が長い廃炉のプロセスを必要とするように、脱軍隊も軍人の非武装化や再就職など、軟着陸の過程が必要です。世界の紛争地域はどこも、紛争が解決したあとに、脱軍事化に苦労しています。日本の自衛隊は平和的な軍隊ですから、その苦労はないでしょうが、自衛官の失業対策は必要でしょう。それまで自衛隊は残ってもらう。それに「愛される自衛隊」の名称がすっかり国民に定着したのだから、「国防軍」はやめて、自衛隊のままでいてもらいましょう。

二　自衛のための武力はこれを保持する。自衛のための武力は国境の外へ出ないものとする。

三　集団的自衛権はこれを認めない。

各種の世論調査を見ると、いまでも九条護憲派が多数派です。中国や韓国にもっと強く出ろ、と主張する嫌韓・嫌中論者でも、では自分が銃をとって闘うか、と問われたらイエスとは答えないでしょうし、自衛隊に志願したい若者でも、自衛隊には危険業務がなくて安心だから、と内心思っているにちがいありません。いまなら、解釈改憲に歯止めをかける意味で、九条の条文に制約を加える改憲論が支持を受ける可能性はかえって高いかもしれません。

いまなら、いまのうちなら。

戦争を体験した政治家たちが退陣し、戦争を知らない世代の政治家たち、しかも威勢だけよくて戦争ごっこの好きそうなタカ派の政治家たちが増えてきた今日、もしかしたらあとになって、「平和憲法」を国民投票で選びなおせる、これが最後のチャンスだったのに、といわれるようになるかもしれません。

改憲論に対して、護憲派もたんなる「現状維持」ではなく、積極的な代替案を出していかなければ、国民の支持を求めるのはむずかしいでしょう。わたしの「選憲論」のなかには、そのような「選びなおし」も含まれています。

いまどきの若者が書いた、憲法前文

いまから一〇年前にも改憲ブームがありました。

そんなに改憲、改憲というなら、対するに「護憲」をいうより、いっそ改憲ブームに乗って、てんでに自分たちの好きな憲法をつくってみようではないかというキャンペーンを、メディアで起こした人がいました。

それが自称戦後民主主義者、大塚英志[17]さんです。

二〇〇一年から二〇〇二年にかけて『中央公論』という雑誌を舞台に、「夢の憲法前文をつくろう」という公募企画をしかけました。保守的な論壇誌と思われていた『中央公論』が、よくこんなキャンペーンを実施したと思いますが、黒田剛史という非常に優秀な編集者がついていました。

一〇〇条余りにわたる憲法をつくりかえるのはたいへんですが、前文だけならなんとかなりそうです。それに前文とは、前にも言ったように、個々の条文を超える「憲法の精神」を示したものですから、ここに「国がら」をあらわす作文をつくるのは、日本国民なら誰にでもできそうな試みに思えます。

それに全国の多様な人たちから、年齢も一四歳から八八歳まで合計一二六人から、応募作が寄せられました。これを学校の教材で使った高校の先生もいました。生徒たちに「私たちが書く憲法前文」を書かせて、団体応募してきた学校もありました。明治時代にも、敗戦後にも、わたしはこんな憲法がほしい、と理想に燃えてそれぞれ草案をつくった人たちがいたのですから、二一世紀のわたしたちにできないわけはないのです。

それが一冊の本になっています。ずばり、『私たちが書く憲法前文』というタイトルです。発行元が中央公論社でなく角川書店なのは、中央公論新社から出せない事情でもあったのでしょうか。

そのなかで優秀賞を取った一七歳の高校生がいます。福岡亜也子さんです。二〇〇二年に一七歳ですから、二〇一四年にはちょうど二九歳になっているはずです。いまどこで何をしているでしょうか。オトナになった福岡さんに会ってみたいですね。

この作品が優秀賞になったのには理由があります。

わたしが審査員だったからです（笑）。

大塚英志さんが、わたしを審査員に起用しました。審査員には他に、保守論壇で活躍していた政治学者、櫻田《さくらだ》淳さんがいましたから、バランスを考慮したのでしょう。わたしは福岡さんの作品を強く推しましたが、他の審査員も同意して優秀賞に選ばれました。

日本国憲法前文　　福岡亜也子

全くもってタイシタコトのない
世界的にみてソコソコの国がいい。

立派な国にして行こう！とか言うけど
立派だからいいなんて
いったい誰が決めたんだか…。
（中略）

世界なんていう単位で
立派で一番！になる必要はあるのか。
私たちから見て一番幸せになれる国。
そうなる必要は大いに
有《あり》。

景気ばっかりよくって
高ーい車買って
宝石ジャラジャラつけたくって

そんな
目や手や
そんな物で感じる幸せは
ソコソコあれば十分。
タイシタコトない平凡な国がいい。
穏やかに過ぎる時に
心で幸せを感じられるから。

結末は「何か文句でもあるかね／今の私は「これ」で幸せなんだけど。」で終わります。

「タイシタコトのないソコソコの国」

今年二九歳になるはずの福岡さんは、新進気鋭の社会学者として売り出した古市憲寿[18]くんと同い年です。そういえば古市くん、「憲法を寿《ことほ》ぐ」って名前なんですね。『絶望の国の幸福な若者たち』でブレークした若者ですが、彼に言わせれば、福岡さんも「『これ』で幸せ」な、いまどきの「幸福な若者たち」のひとり、に見えるでしょうか。

一九八五年生まれの彼らは、ものごころついたときにはバブルがはじけて、それ以来デフレスパイラルの時期しか知らない世代です。古市くんの分析によれば、いまよりよくなる見通しがないから、いまが一番幸せ、というのが若者の「幸福感」の正体なんだそうですが、ほんとうにそうでしょうか。

それに物質的な幸福が「ソコソコあれば十分」と言っていられるのも、それがすでに満たされた世代だからこそ。その現状を維持することすら、もはや可能でない時代にはいった、という人もいます。

けれど福岡さんの「憲法前文」がめざすのは、富や物資的な豊かさでは得られない「幸せ」です。これが二一世紀の初めの日本の一〇代の若者の、将来のビジョンです。

なんてつつましい、ちっぽけなビジョンだとお感じでしょうか。若いもんがこれでどうする、「青年よ、大志を抱け」という標語を忘れたのか、といきりたつオトナもいるかもしれません。

民主党の事業仕分けで、日本の科学技術について「二位じゃだめなんでしょうか」と言ってひんしゅくを買った政治家がいました。科学者たちは「一位でなければいけないんです、一位になろうと思わなければ二位にもなれないからです」と反論しましたが、彼女の発言が新鮮に響いたのは、もはや「追いつき追い越せ」の時代ではない、と多くの人が思っていたからでしょう。

なぜわたしが福岡さんの「前文」に強い印象を持ったかといいますと、これこそ二一世紀を生きる日本の若者の正気のビジョンだ、と感じたからです。

一〇代という年齢は、体内から細胞が芽吹くように、あたかも細胞分裂の音が聞こえるように、すくすくと育っていく年齢です。そういう年齢の若者が「タイシタコトのないソコソコの国がいい」という。

彼らはこれから自分たちが生きていく時代を、するどく直観しているのでしょう。若者がこういうビジョンを持つようになった……これを二一世紀型のサステイナブル（持続可能）な社会のビジョンと呼びたいと思います。

これが日本の二一世紀です。この人たちは決して「世界で一番」を望んでいない。この人たちは決して好景気や株高、ましてや原発再稼働など望んでいない。そういうことが肌でわかるような憲法前文でした。
これを安倍首相に読んでもらいたい、と思います。

「衰退社会」のなかで

二一世紀は成熟社会と呼ばれていますが、これは衰退社会の婉曲《えんきょく》語法です。日本ははっきり人口減少社会に入りました。子どもが増える徴候はまったくありません。明治から一世紀以上、日本は成長と発展をめざしてきましたが、それは人口の増加とそれに伴う経済成長に支えられてきました。

ですが、その時代は終わりました。これまで通用してきた社会のシステムやルールがもう通用しない、未体験ゾーンに入ったと思わないわけにはいきません。社会のギアをここで入れかえることが必要です。

人口の年齢構成も大きく変わりました。

日本は超高齢社会に突入しています。高齢期とは明日のないこと、明日は今日よりも老いて心身が衰える時期のことですから、「いま」が一番よい社会のことです。そういう時代には、「いま」を大切にすることこそが求められます。

福岡さんは「穏やかに過ぎる時に／心で幸せを感じられるから。」と書いています。年寄りくさい、とお感じになるとしたら、そのとおりでしょう。

高齢者とは、「いま」この時の、一瞬一瞬を大切に生きている人たちのことです。

こういう時間のなかでは、「いま」は「将来」の手段にはなりません。思えば、日本の一〇代の若者たちは、これまでどれほど「いま」を「将来」の手段として犠牲にすることで、充実した「いま」を奪われてきたでしょうか。

「いま」を「いま」として十全に生きる……。子どもと高齢者だけの特権であったような時間を取り戻すことを、わたしたちは二一世紀初めの一〇代の女の子から教えられたような気がします。

二一世紀の日本とは、「いま」が、もはやあてにならない「将来」の手段になることをやめた社会だとしたら、高齢者も、若者も、子どもも、よほど生きやすくなることでしょう。

そういうときに、成長と経済発展のシンボルであった原発が、あれだけの大きな事故を起こしました。

本当に高い高い代償をわたしたちは払いました。

それをもう一度もとに戻そう。あの成長の夢をいま一度と、アベノミクスに浮かれた人たちが幸せそうな顔をしています。これをユーフォリア（多幸症）というのですが、多幸症は読んで字のとおり、ビョーキなのです。

こうやって浮かれているうちにますます借金をつくって、日本政府は次世代にツケをまわそうとしています。わたしたちにとって本当に大事なのは、この一〇代の女の子に教わるように、「世界で一番豊かな国」になることではなく、「世界で一番幸せな国になること」ではないでしょうか。

国家の安全保障より人間の安全保障を

ここでキーワードになるのが「人間の安全保障（human security）」という概念です。「人間の安全保障」という概念は、「国家の安全保障」という概念と区別するために生まれました。「人間の安全保障」とは、人がひとりひとり幸せに生きること、国家の安全より個人の安全が保障されることが一番大事だ、そのための「安全保障」だという意味の概念です。

もう一度、自民党の憲法草案を見てみましょう。すると、ここで守られているのは国家の安全保障だということがはっきりわかります。国家の安全保障のためになら個人が犠牲になってもかまわない、国家の安全保障のために人間の安全保障を犠牲にしてよいという考えです。

これまでの歴史が教えるとおり、国家は国民を犠牲にしてきました。軍隊は国民を見捨てて国家を守ってきました。軍隊は、敵だけでなく、自国の国民にも銃を向けてきました。それどころか、軍隊とは国家を守るために国民に死ねという、究極の「人権侵害」の機関です。だから国民はそれに対して「ノー」と言ってよいのです。

わたしたちが本当に守らなければならないのは、国家ではなくて人間です。

人間の安全保障のためには、「不戦」と「非核」が基本のきだと思います。わたしは男女平等を求めて女性運動に長きにわたってかかわってきましたが、戦争は男女の違いをきわだたせます。その戦争に、女性も男性と同じく「共同参画」することが男女平等とは、わたしにはとうてい思えません。「不戦」と「非核」は男女平等の前提条件、これがなければ、安心して子どもを産んだり育てたりしていられないことを、ヒロシマとフクシマは、わたしたちに教えたはずでした。

憲法を選びなおすとしたら……国家の安全保障に対して人間の安全保障をきっぱり打ち出し、それを憲法の精神としてともに共有し守ろうとする人たち、そういうピープルがつくりあげる憲法をつくることができたら……。

そういう選憲をこそ、のぞみたいと思います。

おわりに

憲法論議がこんなに盛んになったのは、改憲派が今の憲法に難クセをつけ、変えようとしているからです。その「改憲」の核心は、もちろん九条改憲。日本も軍隊を持つ「普通の国」になりたい、という動機からです。国際政治のリアリズムがこれを要請していると思う向きもありましょうが、ここはたとえ遠い将来のことであっても、日本国憲法の平和主義の理想を、投げ捨てないようにしましょう。日本国憲法の精神、「国民主権・平和主義・基本的人権」のうち、国民主権も基本的人権も、平和がなければ吹っとぶからです。

そして軍隊を持ちたいと思うのも、軍隊で闘うのも、圧倒的に男です。男は暴力が好きなのでしょうか？　子どもの虐待も、高齢者の虐待も、加害者は女より男が圧倒的に多いことがデータからわかっています。ＤＮＡで決まっているわけでもあるまいに、生まれてから十数年の間に、男は暴力をふるう夫や父親になり、また介護虐待をする息子になります。無抵抗な弱者に対して、どうして殴る蹴るなどの暴力がふるえるのか。自分自身が父親の暴力にさらされて育った息子でさえ、いずれDV夫になっていきます。なぜでしょう？

男らしさのなかには、非力さへの憎しみがある、とわたしはにらんでいます。自分が非力であることを許せないばかりか、非力な存在に対する嫌悪があるために、無抵抗な他者をどこまでもいためつけることを止められないのでしょう。ケアの研究をしていると、育児や介護の現場で、絶対的に受動的で無力な相手に対して、いかようにも生殺与奪権力をふるえる誘惑に抗することがどんなに困難かと感じる事態に遭遇することがあります。子どもを育てた母親で、よくもまあこの子を殺さずに育て上げたものよ、と感慨を持たない女性は少ないでしょうし、親を介護している息子や娘で、一日も早く死んでくれないかと一度も願わなかった者も少ないでしょう。サラ・ルディクというフェミニストの研究者が「ケアは非暴力を学ぶ実践」と言っていることを、政治学者の岡野八代さんから教えてもらいました。そう、非暴力は学ぶことができるのです。

超高齢社会とは誰もがいつかは弱者になっていく社会。弱者になっても安心できる社会のためにケアの経験が役に立つならば、男も女も、育児や介護の経験から逃げないでもらいたいものです。

強者になろうとがんばるよりも、弱者になっても安心して生きられる社会――そのためにこそ、人間の安全保障はあります。


二〇一三年九月二六日、横浜弁護士会・日本弁護士連合会主催の「憲法問題シンポジウム」の講演者として、わたしは招かれました。

憲法学者でもないわたしに、憲法について話してほしい、と要請したのは横浜弁護士会の若手女性弁護士、櫻井みぎわさんや関守麻紀子さんたちでした。

企画は、横浜弁護士会憲法問題協議会(石黒康仁委員長)。この協議会は、横浜市民を対象に、継続的に憲法講演会を開催してきました。女性の講演者はわたしが初めてだったそうです。最初はためらったわたしを説得し、ていねいなうちあわせを行い、注文をつけ、周到な準備をしたのは彼女たちでした。それをサポートしたのが、同弁護士会のオジサマたちでした。法曹界に女性が進出し、それに先輩の男性たちがメンターになっている……

という状況を目のあたりにした経験でした。

会場は関内ホール。定員一一〇〇人の大ホールです。

そこを彼女たちはほぼ満杯にしました。

彼女たちの意気ごみが伝わったから、わたしも相応の準備をしてのぞみました。これがわたしの最初で最後の憲法講演になるかもしれない、と「はじめに」で述べたのは、冗談ではありません。これまでもこの先も、わたしに憲法講演を頼んできそうな人たちは、他にいそうに思えなかったからです。

その講演録をもとに大幅に書き換えたのが、本書です。本書を出そうと言ってくれたのは編集者の落合勝人さんでした。

一回きり、と思えば講演には気合いが入ります。会場は熱気に包まれました。

当日いただいた感想をいくつかご紹介しましょう。

「よく準備されていて刺激的な講演でした」

「いつも聞く憲法に関する講演会とは視点が違って面白かった」

「教条的でない問題提起でした」

「とてもわかりやすく頭に入ってきた」

「楽しく、背筋が寒くなるような講演でした」

「六五年以上手つかずの憲法とは、良い面も悪い面もあることに気づかされました」

「憲法を護ることは勢いがない、保守だ、という。すごくこたえました」

「護憲ということだけを言っているだけでは土俵際に追いこまれて苦しいと思っていました」

「自分のエリート主義に改めて気づかされました」

「愚民としてがんばります」

「憲法九条と脱原発とを合わせて話をしたことがよかった」

「選憲というのは積極的な発想でよい」

ご批判も受けました。

「選憲は改憲の一種。これを改憲と違うというのは三枚舌。これだけズバッとお話しになるなら、しがらみを捨ててストレートに改正案を出すべき」

憲法問題に「正解」はありません。解を出すのは国民です。

それを忘れないために、憲法論議は百出したほうがよいのです。わたしにも言い分がある、と。

原発事故で、わたしたちは「おまかせ民主主義」に深いふかい反省をしたはずでした。

憲法については、「おまかせ民主主義」の危険はもっと大きいでしょう。何より、わたしたちは主権者なのですから。

共感も反発も含めて、そのための手がかりに本書がなることを、心からねがっています。

春を待つ季節に

上野千鶴子

【追記】

本稿の執筆にあたって水島朝穂さん、山元一さん、櫻井みぎわさんのお三方から、専門的な御助言をいただきました。記して感謝します。なお記述や認識に誤りがあれば、その責任はすべて筆者に帰することをお断りします。また川満信一さんには「琉球共和社会憲法C私（試）案」の収録を快諾していただきました。心から感謝いたします。

註

■第一章

（1）**小田実**　一九三二年、大阪府生。作家。六一年、世界旅行での経験を書いた『何でも見てやろう』がベストセラーになる。六五年、「ベトナムに平和を！市民連合」（ベ平連）を鶴見俊輔らと組織し、反戦・平和運動に取り組む。著著『ベトナムから遠く離れて』ほか。二〇〇七年没。

（2）**室謙二**　一九四六年、東京都生。評論家。明治学院大学在学中にベ平連に参加。「思想の科学」の編集代表などを務め、八〇年代後半からアメリカ在住。著著『非アメリカを生きる』ほか。

（3）**トマス・ジェファーソン**　Thomas Jefferson　一七四三年生。アメリカの政治家。七六年、独立宣言を起草。一八〇一年、第三代大統領に就任（在任〇九年まで）。二六年没。

（4）**伊波普猷**　一八七六年、琉球出身。言語学者・民俗学者。「おもろさうし」の研究を中心に沖縄の言語や民俗、芸能などを幅広く研究し、「沖縄学の父」と称される。著著『古琉球』ほか。一九四七年没。

（5）**菅直人**　一九四六年、山口県生。政治家。市川房枝の支援運動に関わっていたが、七八年に社会民主連合を結成。八〇年、衆議院議員に初当選する。九六年、自民党、社民党、新党さきがけによる橋本連立内閣で厚生大臣を務める。同年、新党さきがけを離党し、民主党結成。九七年、民主党代表就任（在任九九年まで）。二〇一〇年、三度目の民主党代表となり、内閣総理大臣に就任（在任一一年まで）。

（6）**特定秘密保護法**　特定秘密の保護に関する法律。二〇一三年、第二次安倍内閣によって国会に提出され成立、公布された、国家の安全保障の上で秘匿性が高い情報の漏洩を防ぐための法律。「特定秘密」

を、防衛、外交、特定有害活動とテロリズムの防止に関するものと定め、それらを取り扱う人を調査、管理し、違反者を罰することなどが定められている。秘密の有効期間や、秘密の指定のあり方、また、この法律の運用と管理を誰がどのように行うのかなど、様々な問題点が指摘されている。

（7）**西山太吉**　一九三一年、山口県生。ジャーナリスト。毎日新聞社の記者として、七二年の沖縄返還に際しての日米間の密約の存在を調査・取材。しかし国家公務員に秘密漏洩をそそのかしたとして起訴され、国家公務員法違反で一審では無罪、再審では有罪、七八年に最高裁が上告を棄却し、有罪が確定した。この西山事件をめぐっては、当初、国家機密と知る権利の関係が問われていたにもかかわらず、情報取得の方法に焦点が当てられ、密約の存在や知る権利についての問題は曖昧に処理された。二〇〇〇年、アメリカで密約の存在を示す公文書が発見されたが、日本では、民主党政権下の鳩山内閣の岡田克也外相が公式に認める一〇年まで、その存在が否定され続けた。

（8）**川満信一**　一九三二年、沖縄県生。詩人。詩作・評論活動をしながら、「沖縄タイムス」の記者や『新沖縄文学』の編集長を務めた。著書『沖縄発』ほか。

（9）**オスプレイ**　Osprey　米軍の輸送機の通称。主翼の両端にある回転翼の角度を変えることで、ヘリコプターのような離着陸やホバリングを可能にした、高速飛行も可能な航空機。日本国内では、二〇一二年、沖縄県の普天間飛行場に配備されたが、開発段階から事故が多発しているため、その安全性への不安が広がり、反対運動が高まった。本来はタカ科のミサゴの英語名。

（10）**基地の辺野古移転**　一九九六年、沖縄県の米軍普天間飛行場の移設を、日米特別行動委員会が合意。移設先は県内の名護市辺野古周辺とし、期間を五～七年と決めた。しかし施設の場所や施工について国と県の協議は難航し、反対運動も盛んになる。二〇一〇年、県外移設を表明していた鳩山由紀夫首相が断念するなど、移転の問題は紆余曲折が続いてきたが、一三年、県外への基地移設を公約としていた仲井真弘多沖縄県知事が安倍晋三首相と会談し、辺野古の埋め立てを承認した。

(11) **東京都小平市の住民投票**　東京都小平市では、一九六三年に東京都が計画した「小平都市計画道路3・2・8号府中所沢線」をめぐり、計画の見直しを求める住民運動が行われている。二〇一三年、住民たちは計画の事業認可申請を前に、計画に対する住民の意思を問う住民投票を行うため、直接請求の要件に達する規定の署名数を集め、小平市議会に提出した。議会での審議の結果、住民投票のための条例は可決される。しかしその後、小林正則小平市長が、投票率五〇パーセントを投票の成立要件として付す改正案を提出し、可決。住民投票は実行されたが、投票率は三五・一七パーセント（投票者数は五万一〇一〇人）で不成立となり、開票も行われない事態となった。住民側は、投票用紙の公開を求め訴訟を起こした。

(12) **中曾根政権**　自由民主党総裁・中曾根康弘を首相とした内閣。成立一九八二年、退陣八七年。

(13) **核不拡散条約**　核兵器の不拡散に関する条約。一九六八年、アメリカ・イギリス・ソ連によって作成され、七〇年に発効した、アメリカ・イギリス・ソ連（現在はロシア）・フランス・中国の五ヶ国に核兵器の保持を限定するなどを取り決めた条約。日本は七六年に批准。二〇一〇年六月現在の批准国数は一九〇。非締結国はインド・パキスタン・イスラエル。

(14) **日米安全保障条約**　一九五一年、サンフランシスコ講和条約と同時に日米間で調印。占領軍撤退後、憲法で非武装をうたった日本の安全保障のため、米軍の日本駐留を定めた。有効期間は一〇年。一方による条約撤回が可能で、終了意思を通告した一年後に効力を失う。六〇年の改定時に、日米両国の共同防衛と、米軍の軍事行動に関する両国の事前協議制度などを定めた新条約を締結。六〇年、七〇年には、条約の改定に反対する安保闘争を誘発したが、七〇年以後は、自動的に更新を続けている。

（15）**安倍晋三**　一九五四年、東京都生。政治家。元外務大臣の父・安倍晋太郎の死後、九三年に衆議院議員に初当選。自民党幹事長などを歴任し、二〇〇六年、内閣総理大臣就任。憲法改正の足がかりとなる国民投票法の成立、教育基本法の改定、防衛庁を省とするなど、保守的な政策をとるが、〇七年、参議院選挙での大敗後、自身の健康問題などを理由に辞職。一二年に自民党総裁に返り咲き、衆議院選挙での圧勝をうけ、内閣総理大臣に再度就任。デフレ脱却をうたうアベノミクスと呼ばれる経済政策を打ち出す。

（16）**岸信介**　一八九六年、山口県生。政治家。一九四一年、東条内閣の商工大臣となり、戦時経済体制の実質的最高指導者を務める。戦後、A級戦犯容疑者として逮捕、四八年、釈放。五二年、公職追放を解除され、五三年、自由党入党。同年の総選挙で当選後、日本民主党を結成。五五年、自由党と民主党の保守合同を主導し、自由民主党を結成。五七年、内閣総理大臣就任。六〇年、日米安保条約の改定を強行後、総辞職。八七年没。

■第二章

（1）**ネオコンこと新保守主義**　neo-conservatism　一九九七年にシンクタンク「アメリカ新世紀プロジェクト」を結成。自由、民主主義、市場経済、人権の尊重などの価値観で世界をつくり変えることが、アメリカの責任であるという考えで、ブッシュ（ジュニア）政権の単独行動主義を主導した。

（2）**ジョージ・ブッシュ・ジュニア**　George Walker Bush　一九四六年生。アメリカの政治家。九四年、テキサス州知事に当選（在任二〇〇〇年まで）。〇一年、第四三代大統領に就任（在任〇九年まで）。父のジョージ・H・W・ブッシュは第四一代大統領。

（3）**小熊英二**　一九六二年、東京都生。社会学者。慶應義塾大学教授。著書『〈民主〉と〈愛国〉』ほか。

（4）『**沈黙**』　遠藤周作の小説。一九六六年に書き下ろし作品として刊行。島原の乱が鎮圧されて間もない江戸時代初期を舞台にした、キリスト教徒とその信仰について問うた作品。

（5）**グローバリゼーション**　globalization　情報、貨幣、物財、労働力などの地球規模の国際移動の増大と、それに伴う国内外の秩序の再編を指す。

（6）**東西冷戦**　武力行使を伴わない、経済・外交・情報などを手段とする国際的抗争状態。特に第二次世界大戦後のアメリカ中心の資本主義陣営（西側）とソ連中心の社会主義陣営（東側）との対立。

（7）**長沼ナイキ訴訟**　北海道夕張郡長沼町に、地対空誘導弾ナイキの基地を建設するため、保安林指定解除の申請が行われ、一九六九年七月、農林大臣によって認められた。これに対し、地元住民らが、処分の取り消しを求める訴えを提起。一審で自衛隊の違憲性が認められたが、二審・上告審で棄却された。

（8）**湾岸戦争**　一九九〇年八月、クウェートに侵攻したイラクに対し、一一月、国連安保理はイラク武力行使容認決議を採択。九一年一月、米軍五四万人を中心とする二八ヶ国による多国籍軍がイラク攻撃を開始。同年三月、イラクは、国連安保理による停戦決議を全面受諾、停戦協定が締結された。

（9）**イラク・アフガニスタン戦争**　二〇〇一年九月一一日のアメリカ同時多発テロ事件後、アメリカ・イギリスは、その首謀者とみられるアルカイダを保護しているとして、同年一〇月、アフガニスタンに侵攻した。国際社会をテロの脅威から守ることを標榜するブッシュ米国大統領は、イラクなどを「悪の枢軸」として批判。〇二年の国連安保理決議では、イラクに対し武装解除の無条件・即時履行を求めた。しかし交渉は決裂し、国連も解決への役割を果たせず、〇三年三月二〇日未明の米・英軍のイラクへの空爆によって戦争が開始される。同年四月九日のイラク首都バグダッド制圧、五月一日のブッシュ米国大統領の戦闘終結宣言で主要戦闘期間は終了するが、その後もイラク国内では混乱が続き、攻撃理由のひとつとされた大量破壊兵器の存在も確認されなかった。一一年、改めてオバマ米国大統領が戦争の終結を宣言し、イラクに駐留していた米軍が全て撤退した。

（10）**ベアテ・シロタ・ゴードン**　Beate Sirota Gordon　一九二三年、オーストリア生。二九年、ピアニストの父の東京音楽学校への赴任に伴い来日し、一五歳でアメリカへ留学。四五年、ＧＨＱ民生局のスタッフとして再来日し、日本国憲法の草案作成に携わる。アメリカ帰国後は、日本やアジアの文化の紹介、交流のために尽力した。二〇一二年没。

（11）**個人情報保護法**　個人情報の保護に関する法律。二〇〇三年に成立し、二年後に全面施行された。個人の権利や利益を保護するために、特定の個人を識別できる氏名や住所、生年月日などに関する情報を適正に扱うことを、国や自治体、事業者などに義務づけた。

（12）**ＯＥＣＤ**　The Organisation for Economic Co-operation and Development　経済協力開発機構。一九六一年、ヨーロッパの一八ヶ国で発足したＯＥＥＣ（欧州経済協力機構）にアメリカ・カナダが加わり発足。加盟先進国の経済成長、貿易の自由化、途上国支援を目的としている。日本は六四年に加盟。二〇一四年の加盟国数は三四。

（13）**エスピン＝アンデルセン**　Gøsta Esping-Andersen　一九四七年、デンマーク生。福祉国家論で知られる社会学者・政治学者。コペンハーゲン大学卒業。ウィスコンシン大学マディソン校で博士号を取得。ハーバード大学教授等を経て、二〇〇〇年よりスペインのボンベウ・ファブラ大学の政治社会学部で教鞭をとる。

（14）**政党交付金**　一九九四年に定められた政党助成法に基づき、要件を満たした政党に対し、国から交付される政治活動のための助成金。国勢調査に基づき、国民一人当たり年間二五〇円を乗じた額を、各政党の国会議員数、選挙での得票数に応じ、分配する。「政治と金」が大きく問題になり、企業をはじめさまざまな団体からの政治献金を制限する政治資金規正法の改正と共に導入された。

(15) **オバマ** Barack Hussein Obama II 一九六一年生。アメリカの政治家。二〇〇九年、第四四代大統領に就任。同年、ノーベル平和賞を受賞。

(16) **田中康夫** 一九五六年、東京都生。政治家・作家。八〇年、『なんとなくクリスタル』でデビュー。二〇〇〇年、長野県知事選挙に出馬し当選。〇五年、新党日本を結成、代表を務める。〇六年、長野県知事三選を目指すが落選。〇七年、参院選に出馬し当選。〇九年の衆院選に出馬し当選するが、一二年の選挙では落選。

(17) **堂本暁子** 一九三二年、カリフォルニア州生。政治家。TBSで記者やディレクターを務めた後、八九年、日本社会党から参院選に出馬し当選。その後、新党さきがけに入党。二〇〇一年には、千葉県知事選挙に無所属で出馬し当選、二期務めた。

(18) **クリントン** William (Bill) Jefferson Clinton 一九四六年生。アメリカの政治家。九三年、第四二代大統領に就任(在任二〇〇一年まで)。

(19) **朴槿恵** 一九五二年生。大韓民国の政治家。二〇一三年、第一八代大統領に就任。父は第五~九代大統領を務めた朴正熙。

(20) **國分功一郎** 一九七四年、千葉県生。哲学者。高崎経済大学准教授。著書『ドゥルーズの哲学原理』ほか。

(21) **九条の会** 二〇〇四年、九人の呼びかけ人(井上ひさし、梅原猛、大江健三郎、奥平康弘、小田実、加藤周一、澤地久枝、鶴見俊輔、三木睦子）によって結成された市民団体。戦争放棄をうたう九条をはじめとする、日本国憲法の精神を守ることを訴えている。

■第三章

（1）**宇野常寛**　一九七八年、青森県生。評論家。企画ユニット「第二次惑星開発委員会」主宰。『PLANETS』編集長。著書『ゼロ年代の想像力』ほか。

（2）**吉田茂**　一八七八年、東京生。政治家。外交官として駐英大使などを務め、一九四六～五四年の間に五次、内閣を組織。五一年、サンフランシスコ講和条約・日米安全保障条約に調印。日本の独立回復に至る政治・外交に重大な役割を果たし、長期保守政権の基礎を築いた。六七年没。

（3）**逆コース**　連合軍占領下の日本で一九四八年以降、五〇年の警察予備隊の創設など、日本の民主化・非軍事化に逆行する占領政策の動き。五一年に讀賣新聞が連載を始めた特集記事のタイトルに由来するとされる。

（4）**村山富市**　一九二四年、大分県生。政治家。四六年、日本社会党入党。大分県議を経て、七二年、衆議院議員に初当選。九三年、社会党委員長に就任。社会党は同年に誕生した細川連立政権に参加していたが、九四年、離脱。同年自民党、新党さきがけと連立を組み、内閣総理大臣に就任（在任九六年まで）。九六年には、党名を社会民主党に改称。二〇〇〇年に政界引退。

（5）**加藤尚武**　一九三七年、東京都生。倫理学者・哲学者。京都大学名誉教授。著書『現代倫理学入門』ほか。

（6）**鈴木安蔵**　一九〇四年、福島県生。憲法学者。戦前は、マルクス主義への傾倒から治安維持法による検挙や著書の発禁などの処分を受けた。戦後、憲法研究会に参加し、「憲法草案要綱」をまとめる中心的役割を果たす。著書『日本憲法史』ほか。八三年没。

（7）**憲法研究会**　一九四五年、社会統計学者の高野岩三郎を中心に、憲法学者の鈴木安蔵、社会学者の森戸辰男、政治学者の杉森孝次郎などが参加し、新憲法考案のために組織された。発表した「憲法草案要綱」は、GHQの憲法草案に影響を与えた。

（8）**色川大吉**　一九二五年、千葉県生。歴史家。東京経済大学名誉教授。「五日市憲法草案」の発見者として有名。著書『明治精神史』ほか。

（9）**市川房枝**　一八九三年、愛知県生。婦人運動家・政治家。教員、新聞記者を経て、大日本労働総同盟友愛会婦人部の書記を務め、一九一九年、新婦人協会を平塚らいてうと結成。二四年、婦人参政権獲得期成同盟会に参加し、女性参政権運動に携わる。戦後、新日本婦人同盟を発足（五〇年、日本婦人有権者同盟に改称）。五三年には参議院議員に初当選し、通算五期務めた。八一年没。

（10）**中井久夫**　一九三四年、奈良県生。精神科医。神戸大学名誉教授。著書『分裂病と人類』ほか。

（11）**山崎望**　一九七四年、東京都生。政治学者。駒澤大学准教授。著書『来たるべきデモクラシー』ほか。

（12）**ワイマール憲法**　第一次世界大戦後の一九一九年に成立したドイツ共和国の憲法。国民主権、議会制民主主義を採用するなど、二〇世紀の民主主義憲法の典型とされる。三三年のナチスの政権獲得により事実上効力を失った。

（13）**フロイト**　Sigmund Freud　一八五六年、チェコ生。オーストリアの精神分析医。無意識の領域と性的衝動を重視した精神分析学を確立。文学や芸術に多大な影響を与える。著書『精神分析入門』ほか。

一九三九年没。
(14) **エーリッヒ・フロム** Erich Seligmann Fromm 一九〇〇年、ドイツ生。精神分析学者・社会心理学者。新フロイト派の代表的な一人で、精神分析とマルクス主義とを結びつけた文明批評を展開。著書『人間における自由』ほか。八〇年没。
(15) **テオドール・アドルノ** Theodor Wiesengrund Adorno 一九〇三年、ドイツ生。哲学者・社会学者。フランクフルト学派の中心人物。人間の抱える野蛮の問題などを問うた。著書『否定弁証法』ほか。六九年没。
(16) **ハンナ・アーレント** Hannah Arendt 一九〇六年、ドイツ生。政治哲学者。ユダヤ系ドイツ人としてナチの迫害を逃れてアメリカに亡命、ナチズム、スターリニズムが生まれた社会的基盤を研究。著書『人間の条件』ほか。七五年没。
(17) **大塚英志** 一九五八年、東京都生。批評家・民俗学者・漫画原作者・編集者。国際日本文化研究センター教授。著書『戦後民主主義のリハビリテーション』ほか。
(18) **古市憲寿** 一九八五年、東京都生。東京大学大学院博士課程在籍。慶應義塾大学SFC研究所訪問研究員（上席）。社会学専攻。著書『絶望の国の幸福な若者たち』ほか。

日本国憲法と自民党改憲草案の対照（抄）

■日本国憲法

（前文）

日本国民は、正当に選挙された国会における代表者を通じて行動し、われらとわれらの子孫のために、諸国民との協和による成果と、わが国全土にわたつて自由のもたらす恵沢を確保し、政府の行為によつて再び戦争の惨禍が起ることのないやうにすることを決意し、ここに主権が国民に存することを宣言し、この憲法を確定する。そもそも国政は、国民の厳粛な信託によるものであつて、その権威は国民に由来し、その権力は国民の代表者がこれを行使し、その福利は国民がこれを享受する。これは人類普遍の原理であり、この憲法は、かかる原理に基くものである。われらは、これに反する一切の憲法、法令及び詔勅を排除する。

日本国民は、恒久の平和を念願し、人間相互の関係を支配する崇高な理想を深く自覚するのであつて、平和を愛する諸国民の公正と信義に信頼して、われらの安全と生存を保持しようと決意した。われらは、平和を維持し、専制と隷従、圧迫と偏狭を地上から永遠に除去しようと努めてゐる国際社会において、名誉ある地位を占めたいと思ふ。われらは、全世界の国民が、ひとしく恐怖と欠乏から免かれ、平和のうちに生存する権利を有することを確認する。

われらは、いづれの国家も、自国のことのみに専念して他国を無視してはならないのであつて、政治道徳の法則は、普遍的なものであり、この法則に従ふことは、自国の主権を維持し、他国と対等関係に立たうとする各国の責務であると信ずる。

日本国民は、国家の名誉にかけ、全力をあげてこの崇高な理想と目的を達成することを誓ふ。

▼自民党草案

（前文）

日本国は、長い歴史と固有の文化を持ち、国民統合の象徴である天皇を戴く国家であって、国民主権の下、立法、行政及び司法の三権分立に基づいて統治される。

我が国は、先の大戦による荒廃や幾多の大災害を乗り越えて発展し、今や国際社会において重要な地位を占めており、平和主義の下、諸外国との友好関係を増進し、世界の平和と繁栄に貢献する。

日本国民は、国と郷土を誇りと気概を持って自ら守り、基本的人権を尊重するとともに、和を尊び、家族や社会全体が互いに助け合って国家を形成する。

我々は、自由と規律を重んじ、美しい国土と自然環境を守りつつ、教育や科学技術を振興し、活力ある経済活動を通じて国を成長させる。

日本国民は、良き伝統と我々の国家を末永く子孫に継承するため、ここに、この憲法を制定する。

■日本国憲法

第一条　天皇は、日本国の象徴であり日本国民統合の象徴であつて、この地位は、主権の存する日本国民の総意に基く。

▼自民党草案

（天皇）
第一条　天皇は、日本国の元首であり、日本国及び日本国民統合の象徴であって、その地位は、主権の存する日本国民の総意に基づく。

■日本国憲法［なし］
▼自民党草案［新設］
（国旗及び国家）
第三条　国旗は日章旗とし、国歌は君が代とする。
2　日本国民は、国旗及び国歌を尊重しなければならない。

■日本国憲法［なし］
▼自民党草案［新設］
（元号）
第四条　元号は、法律の定めるところにより、皇位の継承があったときに制定する。

■日本国憲法
第九条①　日本国民は、正義と秩序を基調とする国際平和を誠実に希求し、国権の発動たる戦争と、武力による威嚇又は武力の行使は、国際紛争を解決する手段としては、永久にこれを放棄する。
②　前項の目的を達するため、陸海空軍その他の戦力は、これを保持しない。国の交戦権は、これを認

めない。
▼自民党草案
（平和主義）
第九条　日本国民は、正義と秩序を基調とする国際平和を誠実に希求し、国権の発動としての戦争を放棄し、武力による威嚇及び武力の行使は、国際紛争を解決する手段としては用いない。
2　前項の規定は、自衛権の発動を妨げるものではない。

■日本国憲法［なし］
▼自民党草案［新設］
（国防軍）
第九条の二　我が国の平和と独立並びに国及び国民の安全を確保するため、内閣総理大臣を最高指揮官とする国防軍を保持する。
2　国防軍は、前項の規定による任務を遂行する際は、法律の定めるところにより、国会の承認その他の統制に服する。
3　国防軍は、第一項に規定する任務を遂行するための活動のほか、法律の定めるところにより、国際社会の平和と安全を確保するために国際的に協調して行われる活動及び公の秩序を維持し、又は国民の生命若しくは自由を守るための活動を行うことができる。
4　前二項に定めるもののほか、国防軍の組織、統制及び機密の保持に関する事項は、法律で定める。
5　国防軍に属する軍人その他の公務員がその職務の実施に伴う罪又は国防軍の機密に関する罪を犯し

た場合の裁判を行うため、法律の定めるところにより、国防軍に審判所を置く。この場合においては、被告人が裁判所へ上訴する権利は、保障されなければならない。

■日本国憲法

第十一条　国民は、すべての基本的人権の享有を妨げられない。この憲法が国民に保障する基本的人権は、侵すことのできない永久の権利として、現在及び将来の国民に与へられる。

▼自民党草案

（基本的人権の享有）

第十一条　国民は、全ての基本的人権を享有する。この憲法が国民に保障する基本的人権は、侵すことのできない永久の権利である。

■日本国憲法

第十二条　この憲法が国民に保障する自由及び権利は、国民の不断の努力によつて、これを保持しなければならない。又、国民は、これを濫用してはならないのであつて、常に公共の福祉のためにこれを利用する責任を負ふ。

▼自民党草案

（国民の責務）

第十二条　この憲法が国民に保障する自由及び権利は、国民の不断の努力により、保持されなければならない。国民は、これを濫用してはならず、自由及び権利には責任及び義務が伴うことを自覚し、常に公益及び公の秩序に反してはならない。

■日本国憲法
第十三条　すべて国民は、個人として尊重される。生命、自由及び幸福追求に対する国民の権利については、公共の福祉に反しない限り、立法その他の国政の上で、最大の尊重を必要とする。

▼自民党草案
（人としての尊重等）
第十三条　全て国民は、人として尊重される。生命、自由及び幸福追求に対する国民の権利については、公益及び公の秩序に反しない限り、立法その他の国政の上で、最大限に尊重されなければならない。

■日本国憲法
第十四条①　すべて国民は、法の下に平等であつて、人種、信条、性別、社会的身分又は門地により、政治的、経済的又は社会的関係において、差別されない。

▼自民党草案
（法の下の平等）
第十四条　全て国民は、法の下に平等であって、人種、信条、性別、障害の有無、社会的身分又は門地により、政治的、経済的又は社会的関係において、差別されない。

■日本国憲法
第十五条
③　公務員の選挙については、成年者による普通選挙を保障する。
▼自民党草案
（公務員の選定及び罷免に関する権利等）
第十五条
3　公務員の選定を選挙により行う場合は、日本国籍を有する成年者による普通選挙の方法による。

■日本国憲法
第十九条　思想及び良心の自由は、これを侵してはならない。
▼自民党草案
（思想及び良心の自由）
第十九条　思想及び良心の自由は、保障する。
（個人情報の不当取得の禁止等）
第十九条の二　何人も、個人に関する情報を不当に取得し、保有し、又は利用してはならない。

■日本国憲法
第二十条
③　国及びその機関は、宗教教育その他いかなる宗教的活動もしてはならない。

▼自民党草案
（信教の自由）
第二十条
3　国及び地方自治体その他の公共団体は、特定の宗教のための教育その他の宗教的活動をしてはならない。ただし、社会的儀礼又は習俗的行為の範囲を超えないものについては、この限りでない。

■日本国憲法
第二十四条①　婚姻は、両性の合意のみに基いて成立し、夫婦が同等の権利を有することを基本として、相互の協力により、維持されなければならない。
▼自民党草案
（家族、婚姻等に関する基本原則）
第二十四条　家族は、社会の自然かつ基礎的な単位として、尊重される。家族は、互いに助け合わなければならない。

■日本国憲法［なし］
▼自民党草案［新設］
（環境保全の責務）
第二十五条の二　国は、国民と協力して、国民が良好な環境を享受することができるようにその保全に努めなければならない。

（在外国民の保護）
第二十五条の三　国は、国外において緊急事態が生じたときは、在外国民の保護に努めなければならない。
（犯罪被害者等への配慮）
第二十五条の四　国は、犯罪被害者及びその家族の人権及び処遇に配慮しなければならない。

■日本国憲法
第二十六条
②　すべて国民は、法律の定めるところにより、その保護する子女に普通教育を受けさせる義務を負ふ。義務教育は、これを無償とする。
▼自民党草案
（教育に関する権利及び義務等）
第二十六条
2　全て国民は、法律の定めるところにより、その保護する子に普通教育を受けさせる義務を負う。義務教育は、無償とする。

■日本国憲法［なし］
▼自民党草案［新設］
第二十八条
2　公務員については、全体の奉仕者であることに鑑み、法律の定めるところにより、前項に規定する権利の全部又は一部を制限することができる。この場合においては、公務員の勤労条件を改善するため、必要な措置が講じられなければならない。

■日本国憲法

第四十四条　両議院の議員及びその選挙人の資格は、法律でこれを定める。但し、人種、信条、性別、社会的身分、門地、教育、財産又は収入によつて差別してはならない。

▼自民党草案

（議員及び選挙人の資格）

第四十四条　両議院の議員及びその選挙人の資格は、法律で定める。この場合においては、人種、信条、性別、障害の有無、社会的身分、門地、教育、財産又は収入によって差別してはならない。

■日本国憲法

第四十七条　選挙区、投票の方法その他両議院の議員の選挙に関する事項は、法律でこれを定める。

▼自民党草案

（選挙に関する事項）

第四十七条　選挙区、投票の方法その他両議院の議員の選挙に関する事項は、法律で定める。この場合においては、各選挙区は、人口を基本とし、行政区画、地勢等を総合的に勘案して定めなければならない。

■日本国憲法
第六十三条　内閣総理大臣その他の国務大臣は、両議院の一に議席を有すると有しないとにかかはらず、何時でも議案について発言するため議院に出席することができる。又、答弁又は説明のため出席を求められたときは、出席しなければならない。
▼自民党草案
（内閣総理大臣等の議院出席の権利及び義務）
第六十三条　内閣総理大臣及びその他の国務大臣は、議案について発言するため両議院に出席することができる。
2　内閣総理大臣及びその他の国務大臣は、答弁又は説明のため議院から出席を求められたときは、出席しなければならない。ただし、職務の遂行上特に必要がある場合は、この限りでない。
■日本国憲法［なし］
▼自民党草案［新設］
（政党）
第六十四条の二　国は、政党が議会制民主主義に不可欠の存在であることに鑑み、その活動の公正の確保及びその健全な発展に努めなければならない。
2　政党の政治活動の自由は、保障する。
3　前二項に定めるもののほか、政党に関する事項は、法律で定める。

■日本国憲法
第六十五条　行政権は、内閣に属する。
▼自民党草案
（内閣と行政権）
第六十五条　行政権は、この憲法に特別の定めのある場合を除き、内閣に属する。

■日本国憲法
第六十六条
②　内閣総理大臣その他の国務大臣は、文民でなければならない。
▼自民党草案
（内閣の構成及び国会に対する責任）
第六十六条
2　内閣総理大臣及び全ての国務大臣は、現役の軍人であってはならない。

■日本国憲法［なし］
▼自民党草案［新設］
（内閣総理大臣の職務）
第七十二条
3　内閣総理大臣は、最高指揮官として、国防軍を統括する。

■日本国憲法
第七十六条
②　特別裁判所は、これを設置することができない。行政機関は、終審として裁判を行ふことができない。
▼自民党草案
（裁判所と司法権）
第七十六条
2　特別裁判所は、設置することができない。行政機関は、最終的な上訴審として裁判を行うことができない。

■日本国憲法［なし］
▼自民党草案［新設］
（財政の基本原則）
第八十三条
2　財政の健全性は、法律の定めるところにより、確保されなければならない。

■日本国憲法
第八十九条　公金その他の公の財産は、宗教上の組織若しくは団体の使用、便益若しくは維持のため、又は公の支配に属しない慈善、教育若しくは博愛の事業に対し、これを支出し、又はその利用に供してはならない。

▼自民党草案

（公の財産の支出及び利用の制限）

第八十九条　公金その他の公の財産は、第二十条第三項ただし書に規定する場合を除き、宗教的活動を行う組織若しくは団体の使用、便益若しくは維持のため支出し、又はその利用に供してはならない。

■日本国憲法［なし］

▼自民党草案［新設］

（地方自治の本旨）

第九十二条　地方自治は、住民の参画を基本とし、住民に身近な行政を自主的、自立的かつ総合的に実施することを旨として行う。

2　住民は、その属する地方自治体の役務の提供を等しく受ける権利を有し、その負担を公平に分担する義務を負う。

■日本国憲法［なし］

▼自民党草案［新設］

（地方自治体の種類、国及び地方自治体の協力等）

第九十三条　地方自治体は、基礎地方自治体及びこれを包括する広域地方自治体とすることを基本とし、その種類は、法律で定める。

■日本国憲法［なし］

▼自民党草案［新設］

（緊急事態の宣言）

第九十八条　内閣総理大臣は、我が国に対する外部からの武力攻撃、内乱等による社会秩序の混乱、地震等による大規模な自然災害その他の法律で定める緊急事態において、特に必要があると認めるときは、法律の定めるところにより、閣議にかけて、緊急事態の宣言を発することができる。

2　緊急事態の宣言は、法律の定めるところにより、事前又は事後に国会の承認を得なければならない。

3　内閣総理大臣は、前項の場合において不承認の議決があったとき、国会が緊急事態の宣言を解除すべき旨を議決したとき、又は事態の推移により当該宣言を継続する必要がないと認めるときは、法律の定めるところにより、閣議にかけて、当該宣言を速やかに解除しなければならない。また、百日を超えて緊急事態の宣言を継続しようとするときは、百日を超えるごとに、事前に国会の承認を得なければならない。

4　第二項及び前項後段の国会の承認については、第六十条第二項の規定を準用する。この場合において、同項中「三十日以内」とあるのは、「五日以内」と読み替えるものとする。

■日本国憲法［なし］

▼自民党草案［新設］

（緊急事態の宣言の効果）

第九十九条　緊急事態の宣言が発せられたときは、法律の定めるところにより、内閣は法律と同一の効力を有する政令を制定することができるほか、内閣総理大臣は財政上必要な支出その他の処分を行い、地方自治体の長に対して必要な指示をすることができる。

2　前項の政令の制定及び処分については、法律の定めるところにより、事後に国会の承認を得なければならない。

3　緊急事態の宣言が発せられた場合には、何人も、法律の定めるところにより、当該宣言に係る事態において国民の生命、身体及び財産を守るために行われる措置に関して発せられる国その他公の機関の指示に従わなければならない。この場合においても、第十四条、第十八条、第十九条、第二十一条その他の基本的人権に関する規定は、最大限に尊重されなければならない。

4　緊急事態の宣言が発せられた場合においては、法律の定めるところにより、その宣言が効力を有する期間、衆議院は解散されないものとし、両議院の議員の任期及びその選挙期日の特例を設けることができる。

■日本国憲法

第九十六条①　この憲法の改正は、各議院の総議員の三分の二以上の賛成で、国会が、これを発議し、国民に提案してその承認を経なければならない。この承認には、特別の国民投票又は国会の定める選挙の際行はれる投票において、その過半数の賛成を必要とする。

▼自民党草案

第百条　この憲法の改正は、衆議院又は参議院の議員の発議により、両議院のそれぞれの総議員の過半数の賛成で国会が議決し、国民に提案してその承認を得なければならない。この承認には、法律の定めるところにより行われる国民の投票において有効投票の過半数の賛成を必要とする。

■日本国憲法
第九十七条　この憲法が日本国民に保障する基本的人権は、人類の多年にわたる自由獲得の努力の成果であつて、これらの権利は、過去幾多の試錬に堪へ、現在及び将来の国民に対し、侵すことのできない永久の権利として信託されたものである。

▼自民党草案［削除］

■日本国憲法
第九十九条　天皇又は摂政及び国務大臣、国会議員、裁判官その他の公務員は、この憲法を尊重し擁護する義務を負ふ。

▼自民党草案
（憲法尊重擁護義務）
第百二条　全て国民は、この憲法を尊重しなければならない。
2　国会議員、国務大臣、裁判官その他の公務員は、この憲法を擁護する義務を負う。

琉球共和社会憲法C私（試）案

川満信一

一、琉球共和社会の全人民は、数世紀にわたる歴史的反省と、そのうえにたった悲願を達成し、ここに完全自治社会建設の礎を定めることを深くよろこび、直接署名をもって「琉球共和社会憲法」を制定し、公布する。

全人民署名（別紙）

琉球共和社会憲法

（前文）

浦添に驕るものたちは浦添によって滅び、首里に驕るものたちは首里によって滅んだ。ピラミッドに驕るものたちはピラミッドによって滅び、長城に驕るものたちもまた長城によって滅んだ。軍備に驕るものたちは軍備によって滅び、法に驕るものたちもまた法によって滅んだ。神によったものたちは神に滅び、人間によったものたちは人間に滅び、愛によったものたちは愛に滅んだ。

科学に驕るものたちは科学によって滅び、食に驕るものたちは食によって滅ぶ。国家を求めれば国家の牢に住む。集中し、巨大化した国権のもと、搾取と圧迫と殺りくと不平等と貧困と不安の果てに戦争が求められる。落日に染まる砂塵の古都西域を、あるいは鳥の一瞥に鎮まるインカの都を忘れてはならない。否、われわれの足はいまも焦土のうえにある。

九死に一生を得て廃墟に立ったとき、われわれは戦争が国内の民を殺りくするからくりであることを知らされた。だが、米軍はその廃墟にまたしても巨大な軍事基地をつくった。われわれは非武装の抵抗を続け、そして、ひとしく国民的反省に立って「戦争放棄」「非戦、非軍備」を冒頭に掲げた「日本国憲法」と、それを遵守する国民に連帯を求め、最後の期待をかけた。結果は無残な裏切りとなって返ってきた。日本国民の反省はあまりにも底浅く、淡雪となって消えた。われわれはもうホトホトに愛想がつきた。好戦国日本よ、好戦的日本国民と権力者共よ、好むところの道を行くがよい。もはやわれわれは人類廃滅への無理心中の道行きをこれ以上共にはできない。

第一章

（基本理念）

第一条　われわれ琉球共和社会人民は、歴史的反省と悲願のうえにたって、人類発生史以来の権力集中機能による一切の悪業の根拠を止揚し、ここに国家を廃絶することを高らかに宣言する。

この憲法が共和社会人民に保障し、確定するのは万物に対する慈悲の原理に依り、互恵互助の制度を不断に創造する行為のみである。

慈悲の原理を越え、逸脱する人民、および調整機関とその当職者等のいかなる権利も保障されない。

第二条　この憲法は法律を一切廃棄するための唯一の法である。したがって軍隊、警察、固定的な国家的管理機関、官僚体制、司法機関など権力を集中する組織体制は撤廃し、これをつくらない。共和社会人民は個々の心のうちの権力の芽を潰し、用心深くむしりとらねばならない。

第三条　いかなる理由によっても人間を殺傷してはならない。法廷は人民個々の心の中に設ける。慈悲の戒律は不立文字であり、自らの破戒は自ら裁かなければならない。法廷は人民個々の心の中に設ける。母なるダルマ、父なるダルマに不断に聴き、慈悲の戒律によって、社会および他人との関係を正さなければならない。

第四条　食を超える殺傷は慈悲の戒律にそむく。それ故に飢えをしのぎ、生存するための生植動物の捕殺は個人、集団を問わず、慈悲の内海においてのみなされなければならない。

第五条　衆議にあたっては食まずしいものたちの総意に深く聴き、慈悲の海浅いものたちに聞いてはならない。

第六条　琉球共和社会は豊かにしなければならない。衣も食も住も精神も、生存の全領域において豊かにしなければならない。ただし豊かさの意味をつねに慈悲の海に問い照らすことを怠ってはならない。

第七条　貧困と災害を克服し、備荒の策を衆議して共生のため力を合わさなければならない。ただし貧しさを怖れず、不平等のつくりだすこころの貧賤のみを怖れ忌避しなければならない。

第二章

（センター領域）

第八条　琉球共和社会は象徴的なセンター領域として、地理学上の琉球弧に包括される諸島と海域（国際法上の慣例に従った範囲）を定める。

（州の設置）

第九条　センター領域内に奄美州、沖縄州、宮古州、八重山州の四州を設ける。各州は適切な規模の自治体で構成する。

（自治体の設置）

第十条　自治体は直接民主主義の徹底を目的とし、衆議に支障をきたさない規模で設ける。自治体の構成は民意と自然条件および生産条件によって定められる。

（共和社会人民の資格）

第十一条　琉球共和社会の人民は、定められたセンター領域内の居住者に限らず、この憲法の基本理念に賛同し、遵守する意志のあるものは人種、民族、性別、国籍のいかんを問わず、その所在地において資格を認められる。ただし、琉球共和社会憲法を承認することをセンター領域内の連絡調整機関に報告し、署名紙を送付することを要する。

（琉球共和社会象徴旗）

第十二条　琉球共和社会の象徴旗は、愚かしい戦争の犠牲となった「ひめゆり学徒」の歴史的教訓に学び、白一色に白ゆり一輪のデザインとする。

（不戦）

第十三条　共和社会のセンター領域内に対し、武力その他の手段をもって侵略行為がなされた場合でも、武力をもって対抗し、解決をはかってはならない。象徴旗をかかげて、敵意のないことを誇示したうえ、解決の方法は臨機応変に総意を結集して決めるものとする。

（領域立ち入りと通過）

第十四条　共和社会センター領域内に立ち入り、あるいは通過する航空機、船舶などはあらかじめ許認可を要する。許認可の条件は別に定める。

軍事に関連する一切の航空機、船舶その他は立ち入りおよび通過を厳禁する。

（核の禁止）

第十五条　核物資および核エネルギーの移入、使用、実験および核廃棄物の貯蔵、廃棄などについてはこんご最低限五十年間は一切禁止する。

とくにこの条項はいかなる衆議によっても歪曲解釈されたり、変更されてはならない。

（外交）

第十六条　琉球共和社会は世界に開かれることを基本姿勢とする。いかなる国や地域に対しても門戸を閉ざしてはならない。ただし軍事に関連する外交は一切禁止する。

軍事協定は結ばない。平和的な文化交流と交易関係を可能な限り深めることとする。

（亡命者、難民などの扱い）

第十七条　各国の政治、思想および文化領域にかかわる人が亡命の受け入れを要請したときは無条件に受け入れる。ただし軍事に関係した人間は除外する。また、入域後にこの憲法を遵守しない場合は、当人の希望する安住の地域へ送り出す。難民に対しても同条件の扱いとする。

第三章

（差別の撤廃）
第十八条　人種、民族、身分、門中、出身地などの区別は考古学上の研究的意味を残すだけで、現実の関係性においては絶対に差別をしてはならない。

（基本的生産手段および私有財産の扱い）
第十九条　センター領域内では、土地、水源、森林、港湾、漁場、エネルギー、その他の基本的生産手段は共有とする。また、共生の基本権を侵害し、圧迫する私有財産は認めない。
（住居および居住地の扱い）
第二十条　家屋の私有は基本的には認められない。過渡的措置として先住権を保障される。個人、家族、集団の居住に必要な家屋の先住権のみを定められた期間保障し、居住していない家屋および居住地の所有権は所属自治体の共有とする。法人格所有の建造物は公有とする。居住地内の土地の利用は憲法の理念に反しない範囲で自由とする。
第二十一条　居住地および住居は生産関係に応じて、個人、家族、集団の意志と、自治体の衆議における合意によって決められる。
（女・男・家族）
第二十二条　女性と男性の関係は基本的に自由である。ただし合意を前提とする。夫婦はこの憲法の基本理念である慈悲の原理に照らして双方の関係を主体的に正すことを要する。夫婦のいずれか一方から要請がある場合は、自治体のえい智によってこれを解決する。女・男における私的関係にはいかなる強制も伴わない。
　夫婦および家族の同居、別居は合意に基づくことを要する。
（労働）
第二十三条　共和社会の人民は児童から老人まで、各々に適した労働の機会を保障されなければならない。労働は自発的、主体的でなければならない。主体的な労働は生存の根本である。

第二十四条　労働は資質と才能に応じて選択し、自治体の衆議によって決められる。
第二十五条　労働が自己の資質において不適だと判断した場合は、自治体の衆議にはかって、自発的、主体的にできる労働を選択することができる。

（娯楽）

第二十六条　労働の時間は気候、風土に適するよう定める。娯楽は労働の一環であり、創意と工夫によって、人類が達成したあらゆる娯楽を人民が選択できるよう自治体、州、共和社会のレベルで機会をつくる。娯楽の享受は平等でなければならない。

（信仰・宗教）

第二十七条　過渡的措置として、信教は個人の自由である。ただし、自治体の衆議で定められた共働、教育方針などには従わなければならない。

（教育）

第二十八条　基礎教育は十年間とし、自治体および州の主体的方法にゆだねる。基礎教育には一定の生産活動への実践参加を含める。
第二十九条　特別な資質と才能を必要とする教育は、自治州および共和社会総体の積極的協力によって十分に行われなければならない。専門教育の期間は定めない。入試制度は廃止し、代わりに毎年試験で進級を決める。
第三十条　共和社会以外の国または地域で教育を受ける必要がある場合は、自治体、州、共和社会全体の推挙によって人選を決める。
第三十一条　すべての教育費用は共和社会の連絡調整機関でプールし、必要に応じて均等に配分される。

第三十二条　共和社会の人民は、個々の資質と才能を適切に、十二分に伸ばさなければならない。ただし、資質と才能および教育の差によって、物質的富の分配に較差を求め、あるいは設けてはならない。

（専門研究センター）

第三十三条　各州に専門教育センターを最低一か所設置する。さらに共和社会立として高度の専門研究総合センターを設置する。専門研究総合センターの研究員は、各州の専門教育センターの推挙で決める。

第三十四条　各州の専門教育センターおよび共和社会立の専門研究総合センターにおいては、教授と研究生が一体となって、半年毎に研究成果をレポートにまとめ、連絡調整機関へ提出することを要する。

（研究の制限）

第三十五条　総合研究センターにおける研究は基本的に自由であるが、生植動物、物質などを研究対象とし、技術と関連する自然科学領域の研究は、この憲法の基本理念である慈悲の戒律を破らない、と各衆議によって認められた範ちゅうを逸脱してはならない。

（域際間研究の重視）

第三十六条　すべての生産、経済、社会的行為および諸科学の研究にあたっては、自然環境との調和を第一義とする。過渡的な対策として、個別分野の伸展、研究深化よりも域際間の相互調整研究に重点をおかねばならない。

（医師・専門技術職者への試験）

第三十七条　医師その他専門技術職にあたるものは、三年に一回、共和社会の機関が課す資格試験を受けなければならない。

（終生教育）

第三十八条　共和社会の生産をはじめとする諸組織は終生教育の機関であり、人民はつねに創意をもって学び、自己教育に努めなければならない。

（知識・思想の自由）

第三十九条　知識・思想の探究は人民個々の資質と才能の自然過程であり、従って自由である。ただしその蓄積をもっていかなる権力をも求めてはならず、与えてもならない。知識、思想の所産は社会へ還元していかねばならない。

（芸術・文化行為）

第四十条　芸術および文化的所産は共和社会におけるもっとも大事な富である。芸術および文化の領域における富の創造と享受はつねに社会的に開かれていなければならない。創造過程における非社会的な観念領域の自由は抑制したり、侵害してはならない。ただし、社会に還元された所産についての批判は自由である。

（情報の整備）

第四十一条　情報洪水は人間の自然性の破壊につながる。専門研究総合センターでは情報を整備し、憲法の理念にそうよう絶えず努めなければならない。

第四章

（衆議機関）

第四十二条　自治体、自治州、共和社会は直接民主主義の理念からはずれてはならない。衆議を基礎として、それぞれの組織規模に適切な代表制衆議機関を設ける。ただし代表制衆議機関は固定しない。衆議にあたっては勢力争いを禁止し、合意制とする。代表制衆議機関で合意が成立しない場合は、再度自治体の衆議にはかるものとする。

（政策の立案）

第四十三条　各自治体はそれぞれの地域に応じた生産その他の計画を立案し、実施する場合、隣接自治体にもあらかじめ報告し、調整することを要す。その計画が自治体の主体的能力の範囲を越える場合は所属州の連絡調整機関ないしは共和社会連絡調整機関において調整をはかったうえ、主体的に実施し、豊かな社会づくりをめざさなければならない。

（執行機関）

第四十四条　各州および共和社会に連絡調整機関を設ける。連絡調整機関の組織は専門委員会と執行部で構成する。専門委員は各自治体および州、センター領域外に居住する琉球共和社会人民（最低限五人）の推挙と、州立専門教育センターおよび共和社会立専門研究総合センターの推挙する専門家を州および共和社会の代表衆議機関で最終的に人選して決める。各委員会の構成は別に定める。専門委員会は域際調整を十分に行なったうえ、立案し衆議機関へ建議する。衆議機関との調整を経た政策は、専門委員会の監督のもとに執行部で実施される。

域際調整を経てない限り、連絡調整機関はいかなる政策も実施に移してはならない。

（公職の交替制）

第四十五条　公職にあたるものは専門委員を除いて、各自治体および州の衆議に基づいて推挙される。公職は交替制とする。その任期は別に定める。自治体および州の衆議によって、不適格と判断された公職者は任期中でも退任しなければならない。任期を終えた公職者の再推挙は認められる。公職者は要務以外のいかなる特権も認められず、また求めてもならない。

（慣例・内法などの扱い）

第四十六条　各州および各自治体に残存する慣例、内法などはとくに慎重に吟味し、祖先たちのえい智を建設的に活かすことを要する。

（請願・公訴）

第四十七条　個人および集団がこの憲法の基本理念である慈悲の原理に照らして、不当な戒を受けたと判断する場合は、所属自治体の衆議開催を要求し、戒を解くことができる。所属自治体の衆議が分かれた場合は、近接自治体の衆議にはかり、未解決の場合は自治州の衆議にはかる。自治州の衆議が分かれた場合は共和社会の総意によって決める。

（司法機関の廃止）

第四十八条　従来の警察、検察、裁判所など固定的な司法機関は設けない。

第五章
（都市機能の分散）

第四十九条　集中と拡大化を進めてきた既存の都市的生産機能は、各州および自治体の単位に向けて可能な限り分散する。この目的を達成するために生産と流通の構造を根本的に変え、消費のシステムを再編成しなければならない。

（産業の開発）

第五十条　生態系を攪乱し、自然環境を破壊すると認められ、ないしは予測される諸種の開発は、これを禁止する。

（自然摂理への適合）

第五十一条　技術文明の成果は、集中と巨大化から分散と微小化へ転換し、共和社会および自然の摂理に適合するまで努力することを要す。自然を崇拝した古代人の思想を活かさなければならない。

（自然環境の復元）

第五十二条　すでに破壊され、あるいは破壊されつつある自然環境は、その復元に向けてすみやかに対策を講じる。各自治体は自然環境の破壊に厳密な注意を払い、主体的に復元をはからなければならない。復元にあたって、一自治体の能力を越える場合は、近接自治体とはかり、さらに州および共和社会の連絡調整機関にはかって人民の総意と協力によって目的を達成するものとする。

第六章
（納税義務の廃止）

第五十三条　個人の納税義務は撤廃する。

（備荒）

第五十四条　備荒のための生活物質は個人、家族、集団にそれぞれ均等に配分し、それぞれの責任において蓄える。一定量を自治体および州の連絡調整機関において蓄えるものとする。

いかなる組織および機関も定められた備荒用の物資の量を越えて富の集積をしてはならない。定量を越えた場合は供出し、交易品とする。

（商行為の禁止）

第五十五条　センター領域内における個人および集団、組織などの私的商行為は一切禁止する。共和社会人民間の流通はすべて実質的経費を基準にして成立させる。

（財政）

第五十六条　財政は琉球共和社会の開かれた条件を利用して、センター領域内の資源を生かし、またセンター領域外の共和社会人民と相携えて、従来の国家が発想し得なかった方法を創造しなければならない。

ここに定められた理念、目的、義務を達成するため、琉球共和社会人民は献身的な努力と協力をはかる。

一九八一年五月一五日起草

（『新沖縄文学』四八号、一九八一年六月）

参考文献（五十音順）

T・W・アドルノ『権威主義的パーソナリティ』田中義久ほか訳（現代社会学大系12、青木書店、一九八〇年）
ハンナ・アーレント『全体主義の起原1〜3』大久保和郎ほか訳（みすず書房、一九七二〜七四年）
イエスタ・エスピン＝アンデルセン『平等と効率の福祉革命――新しい女性の役割』大沢真理監・訳（岩波書店、二〇一一年）
大塚英志編『私たちが書く憲法前文』（角川書店、二〇〇二年）
岡野八代『フェミニズムの政治学――ケアの倫理をグローバル社会へ』（みすず書房、二〇一二年）
小熊英二『〈日本人〉の境界――沖縄・アイヌ・台湾・朝鮮　植民地支配から復帰運動まで』（新曜社、一九九八年）
小田実『「難死」の思想』（岩波同時代ライブラリー、一九九一年／岩波現代文庫、二〇〇八年）
加藤典洋『敗戦後論』（講談社、一九九七年）
加藤典洋「戦後から遠く離れて――わたしの憲法『選び直し』の論」（『論座』一四五号、二〇〇七年六月）
川満信一「琉球共和社会憲法C私（試）案」（『新沖縄文学』四八号、一九八一年六月）
國分功一郎『来るべき民主主義――小平市都道328号線と近代政治哲学の諸問題』（幻冬舎新書、二〇一三年）
佐藤文香『軍事組織とジェンダー――自衛隊の女性たち』（慶應義塾大学出版会、二〇〇四年）
関谷滋、坂元良江編『となりに脱走兵がいた時代――ジャテック、ある市民運動の記録』（思想の科学社、

一九九八年）
知念ウシ『ウシがゆく――植民地主義を探検し、私をさがす旅』（沖縄タイムス社、二〇一〇年）
中井久夫「『昭和』を送る――ひととしての昭和天皇」（『「昭和」を送る』みすず書房、二〇一三年）
野村浩也『無意識の植民地主義――日本人の米軍基地と沖縄人』（御茶の水書房、二〇〇五年）
古市憲寿『絶望の国の幸福な若者たち』（講談社、二〇一一年）
エーリッヒ・フロム『自由からの逃走』日高六郎訳（現代社会科学叢書・第1、創元社、一九五一年）
室謙二『非アメリカを生きる――〈複数文化〉の国で』（岩波新書、二〇一二年）

出典

横浜弁護士会・日本弁護士連合会主催　憲法問題シンポジウム第3弾
「どんな憲法がほしいのか？　上野千鶴子が自民党憲法改正草案を斬る」
二〇一三年九月二六日　関内ホール（横浜市）
講師　上野千鶴子（東京大学名誉教授・立命館大学特別招聘教授・認定NPO法人WAN理事長）
講演録をもとに大幅に書き換えた

上野千鶴子（うえの ちづこ）

一九四八年、富山県生まれ。東京大学名誉教授。立命館大学大学院先端総合学術研究科特別招聘教授。認定NPO法人WAN（ウィメンズアクションネットワーク）理事長。日本における女性学・ジェンダー研究のパイオニア。近年は介護とケアへ研究領域を拡大。著書に『スカートの下の劇場』『家父長制と資本制』『ナショナリズムとジェンダー』『おひとりさまの老後』『ケアの社会学』など多数。

集英社新書〇七三四A

上野千鶴子《うえのちづこ》の選憲論《せんけんろん》

二〇一四年四月二二日 第一刷発行

著者……上野千鶴子《うえのちづこ》

発行者……加藤 潤

発行所……株式会社集英社

東京都千代田区一ツ橋二-五-一〇 郵便番号一〇一-八〇五〇

電話 〇三-三二三〇-六三九一（編集部）

〇三-三二三〇-六三九三（販売部）

〇三-三二三〇-六〇八〇（読者係）

装幀……原 研哉

印刷所……大日本印刷株式会社 凸版印刷株式会社

製本所……加藤製本株式会社

定価はカバーに表示してあります。

© Ueno Chizuko 2014

ISBN 978-4-08-720734-7 C0232

Printed in Japan

造本には十分注意しておりますが、乱丁・落丁（本のページ順序の間違いや抜け落ち）の場合はお取り替え致します。購入された書店名を明記して小社読者係宛にお送り下さい。送料は小社負担でお取り替え致します。但し、古書店で購入したものについてはお取り替え出来ません。なお、本書の一部あるいは全部を無断で複写複製することは、法律で認められた場合を除き、著作権の侵害となります。また、業者など、読者本人以外による本書のデジタル化は、いかなる場合でも一切認められませんのでご注意下さい。

a pilot of wisdom

a pilot of wisdom

集英社新書　好評既刊

「闇学」入門
中野 純　0723-B

昼夜が失われた現代こそ闇の文化を取り戻し五感を再生すべきだ。闇をフィールドワークする著者の渾身作。

宇宙論と神
池内 了　0724-G

近年提唱されたインフレーション宇宙などの最先端の宇宙論を、数式をいっさい使わずに解説した一冊。

一神教と国家 イスラーム、キリスト教、ユダヤ教
内田 樹／中田 考　0725-C

イスラーム、キリスト教、ユダヤ教。日本人にはなじみが薄い「一神教」の思考に迫るスリリングな対談。

100年後の人々へ
小出裕章　0726-B

反原発のシンボル的な科学者が、3・11後の日本を人類史的な視点から総括。未来へのメッセージを語る。

伝える極意
長井鞠子　0727-C

通訳の第一人者として五〇年にわたり活躍する著者が、言語を超えたコミュニケーションの法則を紹介する。

ONE PIECE STRONG WORDS 2〈ヴィジュアル版〉
尾田栄一郎／解説・内田 樹　032-V

前作に続き『ONE PIECE』の最後の海〝新世界〟編のうち「魚人島編」「パンクハザード編」の名言を収録。

それでも僕は前を向く
大橋巨泉　0729-C

八〇年の人生を振り返り、現代の悩める日本人に後悔せず生き抜くための「人生のスタンダード」を明かす。

ゴッホのひまわり 全点謎解きの旅〈ノンフィクション〉
朽木ゆり子　0730-N

ゴッホの作品中で最も評価の高い「ひまわり」。世界に散る全十一枚の「ひまわり」にまつわる謎を読み解く！

リニア新幹線 巨大プロジェクトの「真実」
橋山禮治郎　0731-B

リニア新幹線は本当に夢の超特急なのか？ 経済性、技術面、環境面、安全面など、計画の全容を徹底検証。

資本主義の終焉と歴史の危機
水野和夫　0732-A

金利ゼロ＝利潤率ゼロ＝資本主義の死。五百年ぶりの歴史的大転換期に日本経済が取るべき道を提言する！

既刊情報の詳細は集英社新書のホームページへ
http://shinsho.shueisha.co.jp/